過去を手放して
幸せになる方法

REVEALING
YOUR ENCODED
CONSCIOUSNESS

The Hidden POWER of Your Past Lives

運命を書き換える
前世療法CDブック

Sandra Anne Taylor
サンドラ・アン・テイラー
奥野節子［訳］

JN269802

ダイヤモンド社

THE HIDDEN POWER OF YOUR PAST LIVES

by

Sandra Anne Taylor

Copyright © 2011 by Sandra Anne Taylor
All rights reserved.
Originally published in 2011 by Hay House, Inc., USA
Japanese translation published by arrangement with
Hay House UK Ltd. through The English Agency (Japan) Ltd.
Tune into Hay House broadcasting at: www.hayhouseradio.com

はじめに

　私は、長年にわたり、人間の気づきやエネルギーが、いかに運命の創造に影響を及ぼしているかを研究してきました。意識が現実を創造するという考えは、私たちの引き寄せているものに原因と結果という明らかなつながりがあることを示します。エネルギーの見地から言えば、現在の生活における非常に多くのもの——自分の思考、感情、信念、選択などが、私たちの引き寄せる人や状況に影響を及ぼしています。でも、実際にはそれらのものだけにとどまりません。

　私は前の本を執筆中に、まだ知られていないものがたくさん存在することに気づきました。明らかな理由もなく、難題が人々にふりかかっているように思え、その答えを見つけるために徹底的に調べたのです。そして、引き寄せの法則に過去世が重要な影響を及ぼしている、という考えにたどり着きました。

　もちろん、困難の原因がすべて過去世にあるというわけではありません。魂のサイクル、魂の学び、共有された意識も大切な要因ですが、非常に強力な影響を与えていながら、ほとんど知られていないものが、過去世からのエネルギーです。

あなたの意識は、今回の人生（今世）の前にも存在していました。ですから、過去世の情報は、運命の創造において無視できない要素にならざるをえません。現在のあなたは、過去の延長上にいます。そして、一つの人生が終わるたびに、新しい情報が加わっていきます。あなたはカルマのコード（魂に刻み込まれたカルマの情報）をつくり出していて、それは今、この瞬間起こっていることに重要な影響を及ぼしているのです。

あなたは、自分の運命の創造におけるこれらの要因について気づかないままでいるわけにはいきません。本書の付属ＣＤは、過去世の事実をあなたの顕在意識に浮かび上がらせる目的で制作されました。なかなか消えない感情や結末を手放し、自分のカルマのコードを癒して、書き換えるためです。

ＣＤは、本書を最後まで読み終えてから聴いてください。それぞれのプロセスをきちんと理解するために、９ページからの「前世療法ＣＤの使い方」は必ず読みましょう。運転中や注意を要する作業中には、絶対に聴かないでください。このエクササイズには重要な目的があり、瞑想状態に入るには集中することが必要です。

さらに、日記をつけるとよいでしょう。本書では、随所にいろいろな質問があります。

その答えを日記に書いてください。また、ノートをベッドの横に置いておけば、夢や瞑想中に得られた過去世の理解に役立つ情報を、すぐに書きとめておけるでしょう。

私は30年近く、輪廻転生について教えてきました。このテーマに取り組んだきっかけは、エドガー・ケーシーとその著書に出会ったことです。彼はトランス状態で、人々のさまざまな問題と関係する過去世のトラウマを見つけていました。カルマや輪廻転生に関する彼の業績は、私の理解を非常に助けてくれるものでした。

この本で紹介する考えの中には、エドガー・ケーシー財団が提供するセミナーやエドガー・ケーシーの著書から学んだものもあります。

また、この本では、トム・クラッツレーとシャロン・A・クリングラーの二人にも寄稿してもらっています。

さらに、ドナ・イーデンとデイヴィッド・ファインスタインのワークを11章で紹介しています。

過去世のエネルギーが現在に影響している

あなたの過去世がこの人生にいかにかかわっているかだけでなく、現在の選択が未来にどんな影響を及ぼすかを調べるのは興味深いことです。今あなたが明確な選択をすれば、その変化はただちにやってきます。

私自身の経験をお話ししましょう。以前、息子の車に乗っていた時、ホットフラッシュを感じて、エアコンをつけてほしいと頼んだのです。

すると息子は、「冗談だろう？　こんなに寒いのに！」と言いました。

そこで私はこう言ったのです。

「私に思いやりを持ったほうがいいわよ。そうしないと、次の人生では女に生まれて、この苦しみを味わうことになるから」

「絶対、女になんか生まれてこないよ！」と彼は断言しましたが、しばらく黙って、私のほうをじっと見ました。そして、エアコンのスイッチを入れてくれました。

くだらない話かもしれませんが、これは深い真実を表しています。私たちのあらゆる行為や選択、つまり、愛情や嫌悪、忍耐や不寛容さなどのすべてが、自分の隠れたコードに役立っています。人間関係のすべてでも、です。私たちはみんな、エネルギー的にはもちろんのこと、過去世のカルマを通してもつながっています。過去世のつながりがいかに現在に現れているか、私たちの行動がいかに未来に影響を与えるかを発見するのはとてもワクワクすることです。

現在と未来の人生の両方におけるあなたの幸福のために、自分のコード化された（魂に刻み込まれた）意識を探求し、そこに隠された情報を明らかにするのは十分に意義があることでしょう。

本書の目的は、過去世からのコード化されたエネルギーが、あなたの知らないうちに、あなたの人生にどんな影響を及ぼしているかに光を当てることです。

あなたには、自分の内側に隠れている情報が解読できます。壁にぶち当たっても、それが何を意味するのかが理解できるようになれるのです。

トラック1～3では､自分の聖なる寺院を訪問します｡そこは､あなたがリラックスし、（自分あるいは他人の）スピリットとつながり、必要な答えを受け取れる平和な場所です。この CD は安らぎや明瞭さやインスピレーションが必要な時にお勧めします。

ご注意！

このＣＤは、元気を与えてくれ、人生を変えることができるものですが、医学的な治療に代わるものではありません。
すでに、何らかの精神的あるいは情緒的障害で心理療法を受けていたり、神経性疾患のような病気にかかっている場合には、まず医師かセラピストに相談して、その指示のもとにＣＤを利用してください。

このＣＤは、瞑想やビジュアライゼーションを目的としています。車の運転中、あるいは重機の操作をしている時には、絶対に聴かないでください。

前世療法ＣＤの使い方

付属ＣＤを聴く前に、本書全体を読んでください。このＣＤは、特に９章に書かれたステップに役立つように作成されていますので、少なくとも９章は読んでから聴いてください。

完全にリラックスして、邪魔が入らない時に聴いてください。運転中や、注意を要する活動をしている時には、絶対に聴かないでください。アファメーションは、別の場面で用いてもけっこうです。

ＣＤに収録された各トラックについては、12ページから詳しく説明しています。各トラックの目的や形式について詳しく知るために、必ず目を通してください。役に立つ具体的な提案やケーススタディが紹介されています。説明を読んだら、自分の目的を考えましょう。

あなたはどのパターンや関係性について調べたいのですか？現在のどの問題を手放して、癒したいのですか？

いずれのプロセスにも安全かつ比較的簡単で、大切な目的があります。ですから、不安や期待は手放して、スピリットが癒しや成長のために一番大切な情報へと導いてくれる、と信じてください。難しく考えず、ただリラックスしましょう。ハイヤーセルフは、あなたが癒され幸せになることを望んでいる、と覚えていてください。そうすれば、すばらしい結果が得られるでしょう。

ナレーション：美羽 姚

自分のハイヤーセルフ、パワー、勇気、安らぎ、知恵など、あなたが過去の出来事や現在、未来を変えるのに必要なものは何でも引き出すことができるでしょう。

トラック3 未来世療法 〔14：23〕

未来は今からでも変えられます。あなたが取り組みたい問題について考えてください。現在を変え、未来を変える情報を得るために、未来の時間を少しだけのぞき見するのです。再び聖なる寺院を訪問した時には、あなたはすべての情報の宝庫であるアカシックレコードを利用できるでしょう。

トラック4 過去世の傷を癒すアファメーション 〔08：21〕

本書でも一部紹介していますが、過去を癒し、現在に力を与え、未来の方向を変えるためのアファメーションです。

それぞれのアファメーションは二度読み上げられますので、一度目はただ耳を傾け、二度目は一緒に言ってください。深い呼吸をしましょう。意識をハートの中心へともたらし、どの宣言も真実である、と受け入れましょう。

前世療法ＣＤの内容

トラック１　退行催眠　〔31：25〕

準備として、現在の悩みや不安を一つ選んでください。取り組みたい問題を選んだら、リラックスして、あらゆる心配を手放しましょう。

催眠中は心を落ち着けてリラックスしましょう。情報はどんどん流れてきます。その経験をただ眺めて、自分がどう感じ、それが今日の問題にどう影響しているかを観察してください。

過去の詳細が見えなくても、何が起こっているかを感じたり、わかったりするかもしれません。顕在意識のレベルでは何も起こっていないように思えても、潜在意識のレベルでは、大きな変化が起こっていると確信できるでしょう。

トラック２　過去世の出来事を手放し、書き換える　〔22：20〕

コード化された（魂に刻み込まれた）古いエネルギーを手放しましょう。その意図が、自分に自由と力を与える、という新しいコードを生み出します。退行催眠やリーディング、夢など、どんな方法でも過去の情報を入手さえすれば、その出来事や経験を書き換えて、それに関係する感情や結果、条件も変えることができます。

どのように過去を書き換え、現在の人生で望まないパターンを癒すのかを前もって決めておきましょう。

トラック1：退行催眠

私が思うに、過去世の情報を知るのに一番強力で信頼できる方法は、退行催眠です。過去世での出来事や感覚を経験すると、それは真実だと心の奥で感じるでしょう。そして、現状との関係もわかるはずです。

催眠状態に入ることを躊躇する人もいます。自分がコントロールを失ったり、途中でやめられなくなるのを心配しているのですが、それは催眠状態が、深くリラックスして脳波がアルファ波になった状態だと知らないからです。アルファ波の状態になると、あなたの心はエネルギー領域へと開かれ、そこから情報を受け取れるのです。

過去世の情報を得ることで、自分について何を発見するのかを心配する人もいます。過去世で、自分が悪人だったり、恐ろしいことをしたのではないか、と不安なのです。でも、心配は無用です。いつでも自分が望む時に瞑想をやめて、楽に現在に戻れます。この退行催眠で、あなたは過去世の重要な場面に導かれます。このCDは、あなたが取り組みたい問題や人間関係の源になっている経験の数分前に戻れるように作られています。あなたが得る情報は、「没入法」か「観察法」のいずれかでやってくるでしょう。

没入法の場合は、自分がその経験の中にいるように感じます。その時代にあなたの魂がいた人物の体と感情の中にいるのです。あなたは、その人物の目を通して物事を見るので、自分の体を見下ろし、着ている服や手足を目にすることができます。でも、近くに水か鏡でもない限り、自分の顔は見えないでしょう。

観察法の場合は、心の目で映画を見るように、出来事が見えます。自分がどの人物かわかり、その経験の最中の自分の姿を見ることができるでしょう。鏡がなくても自分の顔が見えます。たとえ現在の体とは違っていても、その状況や感情が自分のものだと気づくはずです。

いずれも、情報はとうとうと流れてきます。あなたはその人生における特定のエピソードの中にいますが、その時点までのすべての記憶を持っています。たとえば、退行催眠中に、あなたの配偶者から手紙を受け取るかもしれません。その時代の配偶者がそこにいなくても、その人物の外見や自分との関係、相手をどう感じているかがわかるでしょう。

どちらの方法による情報がより正確であるということはありません。まったく何も見えない人もいますが、そのような場合には、ただわかったという強烈な感覚があり、その情報は確かなものです。

退行催眠中に過去世を感じる能力は、練習や瞑想によって高まっていきます。CDを聴きながら、辛抱強く瞑想を続けましょう。やがて、必要な情報を感覚的に受け取っていることに気づくはずです。

情報を受け取ったら、自分の現在の人生との関係を考えてみてください。過去世で会った人が現在の人間関係での誰なのかを突き止めましょう。日記を使って、自分の印象を記録してください。

退行催眠中、過去世の問題に集中すれば、より多くの情報への扉が開きます。ですから、寝ていようが空想していようが、アルファ波の状態にいる時、あなたは過去世の経験や、そこに含まれる学び、それが現在の問題といかに関係するかという具体的な情報を受け取れるでしょう。

初めての退行催眠では、たいていの人が自分が発見したことに疑いを持ちます。自分ででっちあげたものだと思い、受け取った情報を想像の産物とする人もいます。あなたもその一人なら、次のように自問してみてください。

「これは私の心と共鳴しているだろうか？

特に、その時の感情や意味や結果についてはどうだろうか」

もし、学びを発見し、それが現在の生活にどう生かせるかが理解できたら、その学びを自分のカルマの使命として受け入れる必要があるでしょう。

正しい情報をすべて受け取ることよりも、プロセス自体が大切です。そして、自分の過去世を解読し、現在を変える、という目的が重要なのです。

自分の受け取った情報がマイナスに働いてしまう人もいます。過去世で自分が犠牲者だったと知った人は、それを変えられないと信じてしまうかもしれません。けれど、本当はその逆なのです。情報が与えられたのは、そのコードを変えて、その状態からきっぱりと抜け出すためなのです。

同様に、過去世で自分が、不道徳な人間だったり、罪を犯したと知るのはつらいことでしょう。この種の発見で、深い自己非難に陥るかもしれません。その罪悪感が、今世でも幸せになる資格がない、という誤った結論を植えつけてしまうこともありますが、過去世での誤りのせいで、自分を非難しないでください。さもないと、カルマを増やしてしまうだけです。当時の文化や個人の人生を考えれば、あなたは自分にできる最善のことをしたのだと理解しなければなりません。自分を許してください。

過去世の情報は、物事を悪化させる目的で与えられたのではありません。あなたが物事について、もっと悟った見方ができるように示されたのです。つまり、現在の人生での、あなたの自己意識を高めるためです。

過去世に良し悪しはない、と覚えていてください。過去世の事実を知ることが、あなたの成長に必要なだけです。魂の点から言えば、成功も失敗も存在しません。

トラック2：過去世の出来事を手放し、書き換える

このプロセスの目的は、あなたがもっと自信を持てるようにすることです。あなたの望むような完璧な結果を得るには時間がかかるかもしれませんが、今の人生は書き換えられるのです。

まずは退行催眠で、過去世の具体的な情報を受け取ります。

リーディングや夢などで得た過去世を書き換えてもよいでしょう。その中の出来事について、じっくり考えてください。あなたがこの人生で望んでいないパターンや人間関係などについては、特によく考えましょう。

書き換えの瞑想で、問題の源となった出来事に戻りましょう。

あなたは永遠の意識（魂）の管理下にあります。今度は、その出来事が自分の望むように進み、あなたにとって有益な結末になるのをビジュアライズしましょう。

自分のパワーを取り戻す様子を詳細に見てください。その経験の性質を変え、自分にとって健全で幸せな状況にしましょう。

最後に、しばらくの間、パワーと強さと価値にかかわる新しい感情を楽しんでください。

それから、深呼吸をして、ポジティブな結末と新しい感情をコード化（魂に刻み込む）し

ましょう。８章と９章のアファメーションを使うか、自分でアファメーションを作ってもよいでしょう。それから、その過去世を先へと進ませ、健康で、幸せで、パワーのある自分を思い描きましょう。

書き換えは、どんな状況でも行えます。単に、詳細を変えて、問題が解決した新しい状況にいる自分を見てください。

たとえば、過去世で背中を刺されて殺されたなら、最初に自分が犯人を押さえつけているのをビジュアライズします。または、犯人が近づくのを察して、逃げてもよいでしょう。あるいは、振り返って犯人に、私を傷つけてもあなたのためにはならない、と言ってください。そして、犯人が納得して立ち去る姿を想像します。

自分が子どもだったり、弱く無力だった頃の出来事を書き換えるなら、あなたが成長していき、現在起こっていることに十分対処できる力や知恵をそなえた様子を思い描きましょう。

書き換えの目的は、自分のハイヤーセルフに気づき、その力に助けてもらうことです。それが知恵でも、優雅さでも、安らぎでも、勇気でも、それによって過去世の出来事やあなたの波動を変えるのです。そうすれば、魂に刻み込まれたコードは消え、その感情や偽りの結末も取り除かれるでしょう。書き換えによって、あなたにはいつでも選択肢があるという真実に再び目覚め、この人生の選択や経験や人間関係に新しい力をもたらせるでしょう。

書き換えの準備として、修正したい具体的な過去の経験に関して、次の質問をしてみてください。その答えを日記に書いて、あなたのコード化したい具体的な決意にしましょう。

- この状況で、自分の力を取り戻すには何をするべきですか?
- 自分の持つ真の力と、自分自身と自分の価値に対する信頼を示すには、何を表現する、あるいは要求する必要がありますか?
- 私の健康、威厳、誠実さ、価値、力、心の平和を修復するために、自分のどんな行動を変える必要がありますか?
- 私の魂が願っている学びは何ですか?

一番効果的にそれを達成するには、この過去世をどのように変えればよいですか?

- この経験を手放し、書き換えるには、どのアファメーションを使えばよいですか?

あなたの過去世を書き換えるために、これらの質問の答えを使ってください。自分の望む通りにシナリオが進み、あなたにとって有益な結末を見ることができるでしょう。

あらかじめ新しい筋書きを用意して、出来事全体を再構成する準備をしてください。大切なのは、その経験の意味と学びに気づくことです。それをして初めて、あなたは自分の癒しと成長に役立つように、その状況を変えることができるでしょう。

無力感や怠惰は、攻撃性や依存症と同じくらいあなたを衰弱させます。自分のためにならない過去の習慣は、どんなものでも（身体的虐待でも、息の詰まるような人間関係でも）書き換えが可能です。現在の悩みや問題の源となっている経験を見つけましょう。それから、その両方を癒す決意をしてください。

トラック3：未来世療法

未来の可能性も垣間見ることができます。そこでは何一つ運命づけられてはいませんが、人生がこの先どうなるのかを現在の状況から考えて見ることができるのです。

未来についての発見は、潜在的問題を解決するために何をすればよいのか、どうすればよいかについてのヒントを与えてくれます。

私のクライアントは、身をもってこのことを経験しました。彼女は二人の子を出産後、かなり太ってしまいましたが、家庭円満で、健康にも何の問題もありませんでした。ただし、今のところは……。

彼女が未来を訪れてみると、太った子どもの自分が見えたのです。彼女はいつでもからかわれて落ち込み、その人生では一人ぼっちで結婚もしませんでした。さらに糖尿病に苦しんでいました。

このイメージは彼女の心を大きく揺さぶり、ただちにこの問題に対処しようと決心しました。これまで何度もダイエットをしましたが、今回は固い決意で取り組み、見事成功しました。かなりやせ、食習慣を変えてからもう一度、未来を訪れてみたのです。

すると、今度は健康な子どもが見え、年頃になると、彼女は恋に落ちました。その人生での体重の問題はすっかり消えていたのです。

これは、未来を垣間見たことの一般的な反応です。ほんの少ししか訪れられないかもしれませんが、そのわずかな印象が、これからの人生に大きな差を生むことでしょう。癒しの決意を未来から持ち帰った時、あなたはあらゆるものを変えられるのです。

未来世療法は、現在の問題が明日にどのような影響を与えるかを調べ、やってくる可能性のある人生について情報がもたらされます。さらに、この方法でアカシックレコードを見ることもできます。アカシックレコードとは、いつでも利用可能な情報の宝庫のことです。懐疑心を捨てて、やってくるイメージとその細部に心を開きましょう。

未来世療法中に何を見るだろうか、と心配しないでください。やってくる情報は、あなたが最初に選んだ現在の問題に直接関係しています。ほんの少しでもうろたえるようなものを見たら、その場面に入り込み、ただちに書き換えてください。

未来は可能性として存在していて、絶対的なものではありません。ですから、あまり深刻に受け取らないでください。はるかかなたの出来事に影響を及ぼす要因がたくさんありますが、一番影響するのは、自分の人生をどう生きるかという現在の決断です。あなたには自分の運命をつくり上げる力があることを忘れないでください。

未来世療法は、占いではありません。ですから、自分が出世するかどうか、あるいは、同じビルに新しくやってきた男性があなたを誘うかどうかを知るためには利用しないでください。これらの質問に対する答えも、未来の可能性の中に存在していますが、その可能性を知るには別の方法のほうがよいでしょう。

未来世療法にはもっと深い意味があります。アカシックレコードにアクセスできれば、現在の問題の解決に役立つ貴重な情報を見つけられます。現在と関係する未来の時間とつながりたいというあなた決意が、その扉を開き、あなたの魂を、まさに必要としている情報へと導いてくれるでしょう。

未来の人生への「決意」は、とても役に立ちます。その決意を書いてもいいですし、瞑想で未来を訪れている時に使うこともできます。

この「決意」は、あまり具体的ではない一般的なものをお勧めします。たとえば、私がもう一度現在の主人と結婚すると決意すれば、次は僧侶として生きたいという彼の魂の計画に反してしまいます。独身主義者になるという彼の考えは、今の私には興味をそそられますが、未来の人生では私に大きなイライラをもたらすでしょう。

生まれ変わった人生での具体的な問題を避けるために、私は未来の人生についての決意を、次のような言葉にしています。

●次の人生で、私は幸せで、健康で、満たされているでしょう。愛に満ち、安定した家庭に生まれ、励ましや思いやりや愛情を注がれて育つでしょう。私は楽しい子ども時代を過ごし、長く健康な人生を送るでしょう。

●私は、愛に満ち、協力的な今世の人々と再び結びつき、敬いと喜びを与え合うでしょう。

●私は美しい環境で生きていて、豊かな富を手にするでしょう。私が追い求める活動は、仕事でも趣味でも、私にとって意味があり、楽しく、有益なものでしょう。

●私は、実りが多く喜びに満ちた人間関係に恵まれるでしょう。私が望めば、すばらしい配偶者に出会い、平和な家庭を築けるでしょう。そして、一緒に末永く、健康で、幸せな人生を送れるでしょう。

●私の人生は、スピリチュアルにも、精神的にも、感情的にも満たされたものになるでしょう。私の体や心や魂は、健康や知恵やインスピレーションや悟りという果てしない恵みを受け取るでしょう。

これは、未来への決意の一例です。もっと明るい未来を創造するために、今、どんな内なる変化を起こせばよいのか、考えてみてください。

トラック4：過去世の傷を癒すアファメーション

私は困難な状況に陥った時には、次のようなアファメーションを使っています。

●私はあらゆるカルマの債務を許します。

私のカルマの債務がすべて許されるようお願いします。

●私は、この人物や習慣や状況とのつながり、あるいはそれに対するネガティブな執着を手放します。

このようなカルマからの解放のアファメーションは、特に、人から敵意を抱かれたり、あなたが人に怒りや拒絶感を抱いているような状況で役立ちます。

人間関係に行き詰まったら、聖なる光の美しい手が、金色に輝くハサミを持って、あなたを縛る紐を断ち切り、同時にカルマも切る様子を思い描いてください。

このビジュアライゼーションをしている時には、相手に感謝しながら、手放しましょう。エネルギーの糸が切られ、その状況が相手の人物とともに、平和のうちに流れ去っていき、自分が自由になり、癒されるのを思い描いてください。

カルマを変えるには、過去の有害な出来事を手放すことが必要です。これらの誤った思い込み（今世あるいは前世にかかわらず、あなたの歴史におけるあらゆる嘘）は、あなたの現在の問題の最大の源です。今世で自分の価値やパワーの真実にたどり着いた時に、カルマによる問題は解決され、過去、現在、未来というすべての時間のエネルギーが癒されることでしょう。

次のアファメーションを使って、あなたの現在と過去の誤った結論を癒しましょう。類似のものがCDにも入っています。

●私は、過去の困難な経験からのネガティブなエネルギーを手放します。
●私は、これらの経験の結果として、自分がつくったネガティブな結論を手放します。
●私は、誤った情報とはかかわりません。私はいつも自分のパワーと真実を生きています。
●私は、自分のスピリットの能力に心を開き、自分の価値、力、知性を十分に受け入れます。

運命を書き換える前世瞑想CDブック／目次

パート1 ◆ 魂の永遠を知る

3章 なぜ、記憶はコード化されるのか……68

パート2 ◆ 過去世からのコードを壊す

11章

パート1◆魂の永遠を知る

1章　輪廻転生の可能性

輪廻転生の考えは、何千年にもわたってさまざまな書物に記され、探求され続けています。それは世界中で受け入れられており、特に東洋では多くの宗教の基礎となっています。

過去世の可能性を思ったことがあるなら、次の質問について考えてみてください。

□誰かに初めて会って、すでに知っていると感じたことがありますか？

□スポーツや言語や音楽などで生まれつきの才能があり、驚くほど簡単に上達したことがありますか？

□夫や妻に対して、パートナーというよりも、親のような感じがしますか？

□昔と同じ障害に何度も繰り返しぶつかっている気がしますか？
□初めての場所にやってきたのに、とてもよく知っている気がしたことがありますか？
□食べ物や場所や人に、説明できない嫌悪感を即座に抱いたことがありますか？
□ある物、あるいは特定の人に、どうしようもないほど執着していますか？
□出会ったばかりの人に、妙に惹かれる気がしたことはありますか？

いずれかの質問に「はい」と答えたなら、その理由は過去世に見つけられるでしょう。

初対面の人や場所に馴染みを感じるのは、あなたの永遠不変の意識の奥にある、かすかな記憶に共鳴しているからかもしれません。

生まれつきの才能は、多分、過去世のスキルが現世で花開いたものかもしれません。

抑えがたい関心は、過去世からの情熱を示しているのでしょう。

依存症は、かなり昔からのパターンや問題に由来する可能性があります。

過去世を語る人々

あなたの魂は永遠です。それはただ形を変えるだけです。

あなたの魂は、物質世界の人生を経験し、自分自身を表現して、他の魂とつながりたいと望んでいます。これらの経験を通して、あなたは愛情を形成します。そして、関係性が生まれ、個性が行動や感情のパターンをつくり上げます。

あなたの本質である魂の中に、一つ一つの生涯の経験が蓄積し、あなたの進む道に特定の方向性を生み出すのです。ですから、過去の探求は、現在を理解し、未来の方向を変えるのにとても役立ちます。

まずは、過去世について文献にある事例をいくつか紹介しましょう。

ナジーブ・アブ・ファレイの事例

1927年に出版されたウィリアム・B・シーブルックの著書『アラビア奥地行』(斎藤大助訳　大和書店)には、すばらしい事例が紹介されています。

ナジーブ・アブ・ファレイはドルーズ派のメンバーで、レバノンの山脈地帯で育ちました。20歳で初めて故郷を離れ、ドルーズ山地付近へ連れていかれた時、すべてに見覚えがある気がしました。すぐに過去世で住んでいた家を思い出し、そこへ向かうと、家の壁の内側に、自分が隠したお金の袋があると指摘しました。さっそくレンガの壁を壊してみると、実際にお金が出てきたのです。

彼は、自分の名前は当時マンスール・アトラッシュだったと言い、その家族を突き止めました。さらに彼は、所有地の境界線のことで争っていたアトラッシュ家のブドウ畑へ連れていかれた時、マンスール・アトラッシュだった人生で、境界線がどこに設定されていたかをはっきりと思い出したのです。過去世についての証拠をたくさん示したので、彼の証言はドルーズ派の法廷でも認められ、その通りに境界線が設けられました。

彼はアトラッシュ家に受け入れられ、その訪問中にもう一つ、驚くべき事実が明らかになりました。ナジーブ・アブ・ファレイは、マンスール・アトラッシュが20年前に殺されたのと同じ時間に生まれていたのです。彼の魂は、同じ文化圏で数百キロしか離れていない場所に、すぐに戻ってきたのです。

ブライディ・マーフィの事例

アメリカで広く知られている輪廻転生の最初の事例は、ブライディ・マーフィの話です。1950年代初頭、バージニア・タイ（最初の出版物ではルース・サイモンズ）という若い女性が、子ども時代の出来事を思い出すために催眠術をかけてもらいました。けれどそれが、子ども時代にとどまらず、誰も予想しなかったはるか昔へと戻ってしまったのです。

過去へ戻っている間、バージニアは突然、アイルランドなまりで話し始め、ブライディ・

マーフィという女性の人生について思い出しました。彼女は、通った学校、夫の名前、義父の名前や職業まで思い出しました。さらに、1800年代のアイルランドでの生活様式、食べ物、音楽などについて、詳細な情報を提供したのです。自分が住んでいたコーク地方の具体的な場所や、食料品店の店主など知り合いの名前まであげました。

その後の調査で、バージニアが〝思い出した〟大半のことが、真実であると判明しました。食料品店の店主の名前や義父の職業も合っていました。さらに、過去世に戻っていた時に彼女が使った語彙や専門用語も正確だったとわかりました。

ただし、そういった情報は、過去世の記憶以外から得られたに違いない、と主張する人もいました。

この興味深い事例については、1956年に書かれた『第二の記憶：前世を語る女ブライディ・マーフィ』（モーレー・バーンステイン著　万沢遼訳　光文社）で論じられています。

輪廻転生でしか説明のつかないことがある

エネルギーと物質の科学から言えば、命の連続性は道理にかなうことです。

エネルギーはなくならず、物質はつねに変化し続けることが知られています。これが宇宙レベルで言えるなら、私たち個人のアイデンティティや人生にとっても真実だと言えないでしょうか？

輪廻転生は、私たちにとって謎である多くの疑問に答えてくれます。

たとえば、なぜ、ほかの人よりも苦しい経験をする人がいるのか理解しがたいでしょう。けれど、私たちが苦難と考えることは、単に自分に戻ってきたエネルギーで、前の人生で学ばなかったことを理解するチャンスなのかもしれません。説明できない苦しみを、気まぐれで冷淡な神の仕業と思っている人たちもいますが、カルマや魂の学びを理解すれば、物事ははるかに明確になるでしょう。私は、今世の困難がカルマによる罰だとは思いませんが、現在の問題の原因は、ずっと過去にあるかもしれません。

さらに、輪廻転生は、次のような現象を、すべて説明してくれます。

最近出会った人なのに、ずっと知っている気がする。音楽や芸術や数学や言語や運動などで早熟な才能を示した。一目ぼれしたり、狂おしいほどの恋愛感情を抱いた。依存症に苦しんでいる。肥満で悩んでいる。病的な恐怖症がある。先天的欠損症やアレルギーがある。同性愛者である。

このようなものは、今世を調べても説明できるかもしれませんが、永遠である魂の見地から見れば、もっと深い理解が可能になるでしょう。

過去世の影響は強力で、隠れた引き寄せの力を持っています。ここ数年、多くの人が、引き寄せの法則に興味を持っています。さらに、引き寄せの邪魔をしているのは何かと考えています。すべてがそのせいとは言いませんが、過去世を見ることで現在の問題に取り組み、ずっと悩んでいた状況を解決できた人を、私は大勢見てきました。

カウンセリング中に語られた過去世の記憶

私は、25年にわたって心理カウンセリングを行い、過去世の持つパワーを確信しました。クライアントの若い頃の出来事をもっと詳しく知るために退行催眠療法を行ったところ、彼らは自然に過去世へと戻ってしまいました。

この事実は興味深いだけでなく、治療をしていく上で非常に役立ちました。私は、さまざまなタイプの催眠法を学び、昔のことを思い出せないクライアントに用いてきました。言葉を習得する以前、あるいは思春期前の記憶の喪失は、つらい子ども時代を過ごした人には珍しくありません。精神的ダメージが強いものを思い出したくない場合、自分を守る手段として起こりがちなことなのです。

このような事例の一つが、重度の対人恐怖症でセラピーにきた、マクシーンという15歳くらいの少女です。彼女はこの4年ほど、学校はもちろん、どこにも出かけていませんでした。他人が怖く、非難されるのを恐れ、不安障害に苦しんでいたのです。

彼女には7歳以前の記憶がまったくなかったので、私は、この問題の原因と関係する情報がそこから得られるかもしれないと思いました。

過去へ戻り始めてすぐ、マクシーンは、自分が階段に座っていると言いました。

「巨大な丸い屋根の大きな教会の前にある広い階段です」

彼女は続けました。

「なんだか変……。私は年をとっているわ。どうして今より年をとっているのかしら？なぜだかわからない……」

私は彼女に、自分の姿やその状況について、ただ見えるものを話してほしいと言いました。

その人生で彼女は、ひどい障害を持って生まれ、働くことができませんでした。ですから、生きる手段としてお金を乞うしかなかったのです。彼女は、教会から出てくる人の憐れみをかおうとしていました。

「教会から出てくる人たちが私を見て笑っています。シルクハットの男性は、私の足を蹴飛ばして邪魔だと怒鳴りました」

マクシーンは涙を流して、自分の状況や人々からのひどい仕打ちを嘆き始めました。どのように感じているか、もっと詳しく教えてほしい、と頼むと、彼女は恥ずかしさや絶望感でいっぱいだ、と答えました。さらに、その近くで暮らしていたと言い、家や教会の周囲について話し始めましたが、どこの町なのか、まったく手がかりはありませんでした。現在の人生では、彼女はアメリカのクリーブランドに住み、恐怖症のためにほとんど家から出られなかったにもかかわらず、この奇妙な場所を細部まで表現することができました。

彼女の話が進むにつれて、私はその教会を知っているような気がしてきました。口にはしませんでしたが、ロンドンのセントポール大聖堂の階段に座っていると確信したのです。

私は退行催眠から戻った彼女に、ベッドのそばに日記帳を置いて記録をつけるように言いました。というのは、夢の中でもっといろいろなイメージや情報を得られるかもしれないからです。

翌週、私は、パリのサクレクールバジリカ聖堂やニューヨークのセントポール教会のような有名なものから、田舎の無名の教会まで、さらには、イスラム教の寺院やユダヤ教の礼拝堂などの写真を7枚ほど用意して、彼女と会いました。彼女に最後に見せたのは、ロンドンのセントポール大聖堂の写真でした。

その写真を見るやいなや、マクシーンはこう叫んだのです。

「この教会だわ！　そこで物乞いをしていたんです！　その教会の階段に座っていた時、みんなに意地悪されました」

私たちは、彼女の恐怖症の深い層を一枚一枚はがしていき、情報を読み解いていきました。マクシーンは蹴飛ばされ、中傷され、つばを吐きかけられました。自分には生きる価値がないと感じ、自らの障害や屈辱感を隠す力もありませんでした。このような感情が蓄積していき、意識の奥深くに記録され、それが癒しを求めて今世によみがえったのは、当然のことだったのです。彼女には、批判される恐怖だけでなく、身を隠すことが必要だという思い込みもありました。

そこで、私たちは過去世に戻って、この有害な記憶を解き放ち、その状況を書き換えました。出来事を完全に変えるプロセスを行なったのです。

マクシーンの現在の思考を再調整し、自尊心を回復させるために、徹底的な書き換えを行いました。それに加えて、リラクゼーションセラピーと系統的脱感作《だつかんさ》（特に恐怖症の治療に用いる行動療法の技法）も用いました。

時間はかかりましたが、やがてマクシーンは外出できるようになり、職を得て働き始め、高校卒業と同等の認定証明書を取得し、今では健康で幸せな人生を送っています。でも、もし脱感作や認知療法やリラクゼーションセラピーのような伝統的手法だけだったら、完全に回復できたかどうかわかりません。当時は意図的に行ったわけではありませんでしたが、過去世の情報が得られたことはとても幸運でした。

マクシーンは、とても楽になったようでした。過去世の経験の真相が、これまでの疑問に答えをくれたからでしょう。彼女はいつもひどい不安を感じていて、そんな自分に悩み、その症状に苦しんでいたのです。

彼女は、過去世を見るために来たわけではなく、それが実際に自分に起こるまで、輪廻転生を信じてさえいませんでした。でも、その経験には現実味があり、自分の成長にとても大切だと感じ、無視できなくなったのです。事実、それが彼女のヒーリングを大いに助け、他の過去世にどんな情報が隠れているのかにまで興味を抱いたようでした。

マクシーンのケースは、臨床現場にいる私にとっても新しい経験でした。これまで輪廻転生に興味はありましたが、それをセラピーに用いようと考えたことはありませんでした。でも、可能性の扉を開くため、これまでの催眠への誘導法を変えて、さらには、スピリットに導いてもらおうと決心したのです。つまり、過去世に集中するのではなく、自然に起こることにゆだねることにしました。

予期しなかったマクシーンとの過去世体験の約一年後、過去世回帰を経験した精神科医、ブライアン・ワイスの『前世療法』（山川紘矢・山川亜希子訳　ＰＨＰ研究所）という本を読みました。彼の本は、人間の意識をより深く掘り下げて調べるように、たくさんの熱心なセラピストたちを励ましたのです。それ以来、私はクライアントにこの本を推薦して、過去世の影響を説明し、自己セラピーの一つとして調べてみるように勧めています。

本書では、このような事例や私自身の経験について述べています。ここでまず、その可能性にあなたの心を開いてくれるようお願いしたいと思います。

この本を読むにつれて、自分が、見えない入り口を通り、過去世へと移動していくのがわかるでしょう。

あなたは、過去世での自分を垣間見て、その時の感情を味わい、現世のパターンや出来事が現れた理由を理解し始めます。これらの理由が明らかになれば、その邪魔ものを取り除き、あなたが望む変化を起こすのはずっと容易になり、実り多く、幸せな場所へと導かれるでしょう。

2章　魂の時間への旅

私が永遠不滅の魂の領域に初めて気づいたのは、鮮明な夢の中でした。

当時、私は17歳でした。今日でも、その細部にいたるまでありありと思い出せます。その夢が普通とはかけ離れていただけでなく、すぐ日記に書いて、知り合いみんなに話したからです。夢が私の人生を変え、まったく新しい道へと進ませてくれました。

では、その夢の内容をお話ししましょう。

茶色の衣を着た僧侶のような男性が、私に近づいてきて言いました。

『あなたに見せたいものがあります。私と一緒に来てください』

彼は私の手をとると、長い道を歩き始めました。もっと正確に言えば、その道は、私たちの足の下を動いていました。

進んでいくにつれて、ぼんやりした光や色が、私たちの横をサーッと通り過ぎました。

私は彼に、どこへ連れていこうとしているのかと尋ねました。

『時間が存在しないところです』

気がつくといつの間にか、光と色だけからなる場所にいたのです。立ち止まり、あたりを見回しました。

『ここは、肉体が死んでからやってくる場所です。すなわち、魂の場所です』と僧侶は言いました。

その空間は無限に広がっているようでした。周囲を見渡す限り、光があふれていました。

注意して見ると、無数の光の柱があるのに気づきました。あちこち動いている柱もあれば、ほかよりも明るかったり、大きく振動している柱もありました。そして、メロディーのない、音符や和音だけの奇妙な音楽が聞こえていたのです。

これらの光は何をしているのか、と尋ねました。

『彼らは、ここや別の場所で必要なことをしているのです』

せわしくエネルギーが動いていましたが、とても平和な感じがする場所でした。

さらに数分間、すばらしい波動にひたってから、僧侶が言いました。

『別の場所を見にいきましょう』

私たちは明るい輝きと和音の中を通り過ぎ、別の次元へと到着しました。

そこでは、光の柱の特徴がもっとはっきりし、それぞれの柱に顔のようなものが見えました。音楽の代わりに、無数の声がささやいているのが聞こえました。光が集まってグループになり、話をしていたのです。

でも、実際に彼らが話しているのではなく、私の耳に聞こえているのでもありませんでした。それは、心の内側に聞こえてくるもので、ただわかった、という感じでした。

『ここは、魂が生まれ変わる前に集まる場所です。彼らは、次の人生で誰になり、何をするか決めているんです』と僧侶は言いました。そして、私たちはみんな生まれ変わり、たいていは以前一緒だった人と一緒のことが多い、と言いました。それは私たちが大切な目的を共有しているからです。

私たちは、あるグループのほうへと近づきました。

すると、すべての光の柱を結びつけている、朗らかな愛のエネルギーが感じられ、冒険やすばらしい時間を計画し、前途にある興味深い学びや挑戦について話すのが〝聞こえ〟ました。恐れや怒り、拒絶、不安はまったくありませんでした。ただ互いにかかわれる喜びと、やってくるチャンスへのワクワクした気持ちだけでした。

『私たちはお互いに教え合うのです。それが、魂の偉大な計画の一部です』

そう言うと僧侶は、また別の場所へと連れていってくれました。

そこはキラキラ輝く光のオーブであふれる美しい空間でした。彼は光のオーブを、「高次の存在」と呼びました。私にはそれが、天使やとても古い賢者の魂（アセンデット・マスター）のように感じられました。これらの光の存在から発せられる愛や創造のエネルギーに、私は深く感動し、自分は決して一人ではないとわかりました。

次に私たちは、誕生前の魂が集まっている場所へと戻り、そこにいるたくさんのグループの話に耳を傾けました。彼らが自分の過去世を思い出し、その時に何を学ぶ必要があったのかを話し合っているのが聞こえました。たとえ、その過去世で何らかの対立があったことが明白になっても、グループの中には深い友情が存在していました。

いくつかのグループを観察したあとで、もう戻る時間だ、と僧侶が告げました。彼がそう言うやいなや、私たちは最初に旅を始めた場所へと戻っていたのです。

「このようなものを、なぜ私に見せてくれたのですか？」

『あなたには知る必要があるからです。この経験はとても大切なものとなるでしょう。あなたは今、旅を始めるべきなのです』

僧侶が消えて、目が覚めると、私はただちに夢で見たものすべてを書きとめました。

私にとって、この夢は現実そのものでした。信じられないかもしれませんが、それは確かに起こったのです。当時は奇妙な内容だと思いましたが、心優しいスピリットに真実を見せてもらったに違いありません。

この経験は、私にとって大きな変化を意味しました。私はキリスト教系の学校を出たので、その夜に経験したようなことなど考えたこともありませんでした。輪廻転生は、遠い異国に住む未開の人が信じるものだと教えられていたのです。ですから、「この夢は、どういう意味なのだろう？」と何度も自問しなければなりませんでした。

この夢には目的があり、それは、私がこの世に存在する理由と本質的につながっているとわかっていました。

その夜から、私は死後の世界についての文献を読み漁ったのです。初めて瞑想会にも参加し、それは安らぎと新しい発見という、まったく違う世界へと連れていってくれました。

臨死体験で学んだこと

夢の中で僧侶が驚くような旅へ連れていってくれて以来、退行催眠と夢によって、私は時間を超越した場所を何度も訪れました。でも、一番説得力があり、人生を変えるような出来事は、私が臨死体験をした時のものです。

臨死体験の数年前、私は父を亡くしましたが、その死を受け入れられず、免疫力がどんどん低下していきました。そして、分類不能型免疫不全症（CVID）を発症し、慢性的に感染症にかかりやすくなり、体がすっかり衰弱してしまったのです。恐ろしいウイルスのせいで肺に炎症を起こし、喘息と鼻炎に半年間ずっと苦しみました。

とても深刻な状況でしたが、それが父の死に対する自分の悲しみや怒りと関係するなど思いもしませんでした（私の著書『Truth, Triumph, and Transformation』で、健康をたもち、すばらしい生命エネルギーを得るには、深刻でつらい感情を解き放つ必要があることを記しています。苦しい経験を無視していても元気でいられる、と思うなら大間違いです。私はそのせいで死にかけたのですから）。

気管支炎のせいで、ロンドンでの会議に出席する旅はキャンセルしなければならないと思いました。でも、幸いにして、出発の数週間前にかなり改善し、医師の許可も出たのです。

飛行機が大西洋を半分くらい飛んだあたりで、私は呼吸が苦しくなってきたことに気づきました。ロンドンのホテルに到着した頃には、かなりつらい状況でした。持参した薬を飲みましたが、あまり効果はありませんでした。温かいお茶を飲み、お風呂に入れば改善するかもしれないと思い、さっそく浴槽にお湯をはり、胸まで浸りました。

この方法は、過去に効き目がありましたが、今回は症状がますます悪化してしまいました。呼吸困難に陥り、浴槽の向こうにある鏡に映った自分の顔を見ると、唇がどす黒くなっていました。その瞬間、自分は死ぬかもしれない、と思ったのです。浴槽から出て助けを呼ぼうとしましたが、立ち上がることすらできませんでした。

最初に思ったのは、家族から遠く離れた異国の地で死ぬわけにはいかない、ということでした。でも、呼吸はひどくなる一方で、とうとう私はあきらめました。そして、この地で死ぬのが私の運命だというなら、それを受け入れよう、と思い始めたのです。

抵抗をやめるとすぐ、自分の生命力が頭のてっぺんから勢いよく出ていくのを感じました。私は加速して広大な暗闇の中を通りぬけ、遠くにある小さな光のほうへと向かっていきました。多くの人が報告しているような暗いトンネルではなく、広大で真っ暗な場所だと思ったのを覚えています。

周囲を見渡すと、自分の横に、同じほうへ向かっている光の存在がありました。彼らもまた光の点に向かってスピードを上げていました。私は、「彼らも死んだに違いないわ」と思いました。

次の瞬間、自分が美しく光に満ちた空間にいて、キラキラ輝く川の上の尾根に立っているのがわかりました。左側には、20年以上にわたり夢の中で私を過去世に連れていってくれたガイドがいて、私たちは言葉ではなく、思考によって対話し始めました。私は、自分が肉体のある人生と死の間をつなぐ通路にいるとわかっていたのです。

でも、今どこにいるのか教えてもらう必要はありませんでした。

目の前には、キラキラ光る川がありました。向こう岸には、人々の一団が私を待っていました。父が祖母の隣に立っていて、曾祖父母を含む他の家族や友人も一緒でした。そのほかにも大好きだったペットや、見覚えのない人や動物もいました。どういうわけか、彼らは過去世からの魂の仲間で、私を迎えにきてくれたのだとわかりました。

私は父を見つけるやいなや、すぐに飛んでいきたいと思いました。父は交通事故で突然亡くなり、お別れを言えなかったからです。私は父の死から完全に立ち直れずにいました。

川の向こうに父の姿を見ながら、お互いの深いつながりがよみがえるのを感じました。

私は、思考を通して対話できるとわかっていたので、父がいなくてどんなにさみしかったかを告げました。すると父は、いつも私と一緒にいたんだよ、と答えました。

父と一緒にいたいという気持ちが強すぎて、どうしていいのかわからず、しばらく父と自分のガイドの顔を見ながら、自分はどうすべきか考えていました。私が父と一緒にいたいと再び言うと、父は、じきに一緒になれるよ、と約束したのです。私はこの言葉にショックを受け、「もうじき死ぬなら、今すぐ父のところへ行きたい」と思いました。

父は私の考えを耳にし、こう答えました。

『もし肉体に戻れば、再び一緒になれるまで長い時間がかかるように思うかもしれない。でも、私を信じなさい。真の時間では、一瞬の瞬きと同じくらいなんだ』

これを聞いて私は困惑しましたが、いくらか心が落ち着きました。決断すべき時だとわかりました。どちらに行くかは、私の自由でした。目の前の川を渡れば、もう肉体へは戻れないということもわかりました。

私が戸惑いながら、もう一度、隣に立っているガイドのほうを向くと、彼はこう言いました。

『あなたには、この世で、まだすべきことがあります』

彼の言うことが正しいとわかり、「自分には、まだすべきことがあるとわかっています」と言おうとしましたが、最後まで言い終えることはできませんでした。

というのも、そう思った瞬間、その場所からさっと抜け出し、自分の肉体へと戻ってきたからです。魂のスピードはとても速く、体にぶつかるように中へと入り込み、そのせいで、浴槽の水がピシャッ、とはねたほどでした。

私は唖然とし、言葉もなくそこに横たわったまま、すべての経験を理解しようとしていました。自分の決断がこの次元に戻らせたとわかっていました。

正しいことをしたと思いましたが、最後に父にさようならを言えなかったのが、悲しくてなりませんでした。でも、私は父が自分と一緒にいるのを感じていました。そして、真の時間において、〝まもなく〟また会える、と知っていました。さらに、祖母にも抱きしめられているのを感じました。祖母は、生涯にわたり喘息で苦しんだのです。祖母が私に、強さと癒しを与えてくれているようでした。

とてもゆっくりと、私は深い呼吸を始めました。どれくらいそうしていたのかわかりませんが、浴槽から出た時には、お湯は水になっていました。

私はよろめきながらベッドへ移動し、体を丸めて横になりました。布団の中で、私はたくさんのスピリットの愛を感じていました。そして、癒しが起こることを知りながら眠りについたのです。目が覚めた時、私の人生はもう同じではないと確信していました。

命と時間、運命についての真実

この現象を身をもって体験したことで、単なる知識だった魂の永遠不滅が、心から信じることに変わりました。その出来事がもたらしてくれた啓示が、私の人生の指針となったのです。
このすばらしい贈り物の結果として私に理解できたことを、これからお話ししましょう。

❶命は永遠である

私は命の連続性を信じていましたが、この経験によって確かな真実になりました。

科学者は、人々が臨死体験中に見るイメージは、神経単位が刺激され、遠い昔の記憶がよみがえった結果だと言っています。もしそうだとしたら、私の場合、なぜ亡くなった人の記憶ばかりだったのでしょうか？　なぜ、母ではなく、亡くなった父だけを思い出したのでしょうか？　ずっと前に亡くなった友人を思い出したのに、人生のほとんどを一緒に過ごしている双子の姉を思い出さなかったのはなぜでしょうか？

経験者として言わせてもらえば、道理の通る説明が一つだけあります。それは、ランダムな神経の活動やそれに誘発された記憶ではなく、魂がスピリチュアルな領域を訪れたことによるものだということです。

それぞれの魂は、各自のタイミングでその場所へと到着し、先に到着していた人たちと出会うのです。命の連続性とはそのようなものです。エネルギーはなくならず、ただ形を変えるだけなのです。

エネルギーの領域では、私たちは光の存在です。臨死体験で会った人々が、生きていた頃の姿で現れるのは、私たちが確認できるようにです。

同じことがスピリットの対話においても言えます。同じ外見や服装で現れるのは私たちのためであり、そのようなことは向こうの世界では必要ありません。

❷死のタイミングは決まっていない

自分が死ぬ日や時間は、生まれる前から決まっていると信じている人がいます。そういう例もあるかもしれませんが、私の場合は、川を渡って次の人生に移ることも、この人生に戻ってくることも、完全に自分の判断で決めることができました。誰からの指示もなく、どんな決断をするのか、私にもそこにいたどの魂にもわかりませんでした。

私のスピリットガイドと向こう岸にいた魂たちは、明らかに私の決断を待っていたのです。

❸私たちには魂の計画がある

私たちの運命は、特定の行為で決まるわけではありません。けれど、その行為は世の中に重要な影響を与えます。

私が決断をしようとしていた時、まだすべきことがあるというスピリットガイドの言葉は、心の奥まで響きました。自分は、魂が計画したことをまだ成し遂げていない、学ぶべきことをまだ学んでいない、とわかった感じでした。自分が何を成し遂げるべきかはわかりませんでしたが、魂の目的に呼び戻されているようでした。実のところ、その時には知りませんでしたが、将来、ロシアから養子を迎えることになっていたのです。そして、本を書いて出版するという予定もありました。さらに、数えきれない経験、人間関係、冒険が私を待っていました。

決断の瞬間、この世に戻って、自分の将来と向き合い、前途にある学びのすべてに取り組むように迫られた感じがしました。

誰にでもまっとうすべき運命があります。それが家族だろうが、仕事だろうが、個人的成長だろうが、それぞれの魂に計画があるのです。それに立ち向かう勇気を奮い起こすかどうかは、私たちしだいです。

❹過去、現在、未来は同次元に存在する

臨死体験中、どういうわけか私の魂は、直線的な地球時間から滑り出て、スピリットの領域の永遠の現在へと移行しました。そこでは、未来も過去もなく、まるでつねに現在の

ようでした。

一瞬の瞬きのうちにまた会える、という父の言葉は、私の考え方を大きく変化させました。時間や空間や恐怖などが与える限界とは、単に自分で課した制約にすぎないとわかったのです。

魂は、人生という旅の真相を見ています。つまり、人生は果てしないチャンスの連続だと知っているのです。困難も喜びと同じようにつかの間のもので、あらゆる瞬間における人生の表現にすぎません。

デジャヴュは過去世からの記憶

あなたは次のような経験をしたことがありませんか。初めての場所で、なぜかどのようなところかわかり、次に何が起こるかまでわかるのです。赤の他人に出会ったのに、驚くほど親しみを感じたり、あるいは、ほんの少し会話しただけで、その人が次に何を言うのかがわかって、まるで過去にその瞬間を生きたことがあるように感じるのです。

こうした経験は、一般的に「デジャヴュ」と言われます。

多くの人が、デジャヴュは、過去世からの記憶だと言っています。それはたいてい、静かにしている時や、就寝中に起こります。

私は、夢の中で何度かそのような経験をしました。あまりに変わった夢だったので、目覚めてすぐに当時の夫に話したこともあります。

夢の中で、私は、建物が真っ白な異国の街にいました。見知らぬブロンドの女性と一緒にタクシーに乗っていて、運転手がその街について説明するのを彼女が通訳してくれていました。短い場面でしたが、驚くほど馴染みがあり、まるで現実のようでした。

2年後、パリで働いていた義妹を訪ねることになりました。私たちがタクシーに乗っていた時、すべての建物が白いことに気づいたのです。義妹が運転手の話を通訳し始めて、あの夢がぱっとよみがえりました。それは単なる夢ではなく、デジャヴュだったのです。私はかつてそこを旅したのでしょう。すべてが昔のビジョンに出てきたのとまったく同じでした。

運命は自分で創造できる

あらゆる時間が同時に存在するという理解は、運命について疑問をもたらすことになります。もし未来が今ここで起きているなら、その出来事はすでに決められているということでしょうか？

つまり、あらゆることは前もって計画されているのでしょうか？

私は、魂は具体的な出来事ではなく、私たちのための学びを計画してくれていると信じています。魂は、その学びを今世にもたらし、私たちの成長を助ける出来事が形成されるのです。私たちが早く学べば学ぶほど、経験していることを早く変えられるでしょう。このように、未来は変えられるのです。

あなたの不変のカルマは、生まれる前に決定されます。それらは、あなたの魂などによって決められたもので、両親は誰か、どこで生まれるか、性別や人種は何かなどが含まれます。その名前が示すように、不変のカルマは、変わることがなく、この人生におけるあなたの意識のコードの一部です。

けれど、変化するカルマは、成長するにつれて変わるかもしれないもので、あなたのパワーの範囲内にあります。自分のレッスンを無視すれば、何度も同じ問題にぶつかりますが、あなたの未来は変えられないものではありません。チャンスをしっかりつかみさえすれば、自分で運命を創造できるのです。同様に、過去世とその影響も変えられます。でも、歴史を書き換え、その影響を変える前に、何が起きたのかを発見しなければなりません。

瞑想でアカシックレコードにアクセスする

現在の人生の細部を見ることでも、過去世の情報を集められるでしょう。現在の問題や状況を意識的に吟味すれば、多くのことが明らかになるのです。

これは、魂の旅であると覚えていてください。永遠の領域への扉を開きたければ、瞑想することが大切です。瞑想はエネルギーのおぜん立てをし、体と脳の波動を落ち着け、神秘的な情報を受け取りやすくしてくれます。

脳波がアルファ波（8～13ヘルツ）の時、人はもっともリラックスし、直感やインスピレーションを受け取れます。これは、アカシックレコード（アヤの意識とも呼ばれる）から情報がやってくる波動の入り口です。ですから、瞑想中に心に浮かんだイメージを、すべて日記に書きましょう。

アカシックレコードは、時間を超えた専門的、科学的、創造的な知識のすべてを含む膨大な情報のフィールドです。

過去の詳細はあなたの内部にコード化されていて、自分で手に入れられます。脳波がアルファ波の状態になると、その情報とつながりやすくなります。

次に、もっとも一般的なやり方をいくつか紹介しましょう。これを使えば、今日の自分に影響しているかもしれない隠れた要因を思い出せるでしょう。

退行催眠で過去世に戻る

催眠は、あなたをある特定の過去世へと連れ戻します。本書の付属ＣＤを使うことで、過去世へ戻ることができます。

付属ＣＤには、過去を書き換える方法も入っています。私たちには過去を再構築する力があることを理解してください。自分のカルマのコードに気づき、過去の出来事を書き換えれば、現在の生活がはるかに健全なものになるでしょう。

似たような出来事が引き金となって浮かぶ記憶

過去世のある出来事と似たような活動をしている時に、記憶は浮上してきます。

私は最近、手術をしたのですが、その直後にそんな経験をしました。ベッドの上で寝返りを打とうとした時、突然、昔の病院にいるかのように部屋中の壁が真っ白に変わったのです。私はすぐに、過去世で死産を経験したのだとわかりました。悲しみがこみあげてきましたが、現在の自分の状況と妙にシンクロする気がしたのです。

これらの記憶は、あなたが疲れていたり、退屈していたり、当惑している時に、たいていひとりでにやってきます。でも、その潜在的なつながりに気づかなければ、自分の空想にすぎないと思ってしまい、ある出来事が引き金になって起こったとは理解できないでしょう。

自然に現れてくる記憶

自然な記憶のひらめきは、予期せぬ時に突然現れます。それは、現在の状況や感情とは何の関係もなく、過去の意識の深いところから浮き上がってきたものです。

このようなタイプの記憶は、白昼夢のように思えるかもしれません。というのは、とても異質で、現在起こっていることとは無関係だからです。この情報は、たいてい、入眠時や目覚めぎわにやってきます。

子どもには、どこからともなく現れる自然な記憶があります。これは、幼い時にはほとんどの時間をアルファ波の状態で過ごしているためのようです。

けれど、子どもは5～7歳の間で、アルファ波よりも13サイクル高いベータ波（14ヘルツ以上）に移り始め、そのために過去世の記憶の現れがしだいに減少していきます。

甥が4歳ぐらいの頃、姉と私と車に乗っていた時に、突然、こう言ったことがあります。

「ぼくが大きかった頃、人が埋められた場所の隣にある、チョコレート屋さんの上に住んでいたんだ」

私たちはすぐに、彼が過去世のことを思い出したのだとわかり、もっと話して、と言いました。彼はコートを作る工場で働いていて、自分が作ったコートについて詳しく話してくれました。それは、ポケットと袖に特徴のある茶色のコートで、アメリカンコートと呼ばれていた、と言いました。

何年もたってから、姉と私は骨董品店で、世紀の変わり目頃の洋服カタログを見つけたのです。そこには「アメリカンコート」という項目があり、ポケットとひじ部分のスエードの当て布が特徴的だと書かれていました。さらに、そのコートの色は茶色だけでした。

もし、子どもが奇妙な記憶について話したら、もっと話すように励まして、彼の話したことを書きとめてください。さもないと、それはすぐに忘れ去られてしまうでしょう。

夢

夢もアルファ波の状態の時に現れるので、そこには過去世の情報がたくさん含まれています。ですから、自分が王様や女王様の夢を見たら、それを無視しないでください。

私はベッドの横に日記帳を置くように勧めています。ある過去世のシナリオを受け取ったとしても、単に隠喩的な夢から大切な情報を受け取ったのだとしても、自分がどう感じたかを記録して、あなたの人生で関連することはないか、考えてみてください。

過去世リーディング

多くのサイキックやミディアム（霊媒）が、過去世リーディングをしています。彼らには、エネルギー領域への扉が開いており、アカシックレコードへのアクセスが可能なためかもしれません。彼らはクライアントの特徴的な波動を拾い上げ、自然に必要な情報とつながります。

カウンセリングの最中に、私はこの種の情報を受け取ることがよくありました。初めは何が起こっているのかわかりませんでしたが、相手についての重要な情報が、心の中でぱっとひらめくこともあれば、映像が見えることもありました。

折にふれて、私はクライアントにこう尋ねたものです。

「こんなことが起こったことがありますか？」

それから自分が見たものを説明すると、クライアントが驚いて、ずっと昔の出来事を思い出すこともありました。また、まったく思い当たらないと言われることもありました。

でも、やがて私は、それが、その時に取り組んでいる問題に関係した過去世のデータだったと理解したのです。


あなたの歴史は、この人生の出来事に限定されません。あなたの生まれ持ったアイデンティティは、より広大な情報のタペストリーに織り込まれていて、あなたが誰で、何を経験してきたのかという詳細を明らかにできるのです。

あなたの知らない過去を発見すれば、現在起こっていることを変えられるだけでなく、自らの魂の目的へと心を開くことができるでしょう。そして、その目的と一つになることで、あらゆる瞬間が無限の可能性に満ちているとわかるのです。

3章　なぜ、記憶はコード化されるのか

あなたの永遠の意識（魂）には、あらゆる生涯からのデータとエネルギーがコード化されており、それが現在のあなたに影響を及ぼしています。つまり、あなたの魂は、ずっと忘れていた過去からの波動、結果、感情的エネルギーを運んでいるのです。

今世と過去世の両方からの記憶が、あなたの肉体の細胞と生命力に保存され、あなたの波動の特徴となっています。あなたが初めて人間として生まれてきた瞬間から、あなたの歴史は記録され、それが現在のあなたという人物を形づくるだけでなく、運命もつくり上げているのです。

魂の成長のために学びが存在している

それぞれの魂の進化の道には、目的が存在し、私たちが前に進むための学びが含まれています。私たちの意識は、時間をかけて異なる経験を積み重ねながら、自分の目的や真実により深く気づいていくのです。

私たちが学びを終えた時、自らの古く、不健全なパターンから解放されます。もし、学ばずにいれば、単に変えるべきエネルギーをもっと蓄積していくことになるでしょう。

たとえば、過去世でアルコール中毒になったことがあれば、これらの経験に伴う感覚や渇望があなたのカルマのコードの一部になり、再びアルコール中毒になるように強いるのです。今度は、この依存症を克服することがあなたの目的になるかもしれません。うまくいけば、このパターンを壊すだけでなく、そのコードを永遠に消し去り、自分の魂を高い波動へと進化させられるでしょう。

一方、アルコール中毒を再び繰り返した場合は、その衝動がさらに深くコード化され、より強く感情に訴えるものになり、次の人生でそれを壊すのがいっそう難しくなります。

次の人生に持ち越される3つの経験

あなたには、あなた特有のカルマのコードがあり、それが今世における推進力になっています。ほとんどの感情的経験がコード化され、その多くはとるにたらないものですが、必ず次の人生に持ち越され、対処しなければいけなくなる要因があります。

魂のエネルギーに何が吹き込まれていくのかを、一緒に見てみましょう。

❶感情移入の大きい経験

長年、私は心理カウンセリングをしていましたが、よく、感情的な経験であればあるほど人生に大きな影響を及ぼす、と話してきました。カルマにおいても、同じことが言えるのです。それがポジティブなことであろうとネガティブなことであろうと、感情移入が大きければ大きいほど、現在への影響は大きくなります。

愛や情熱のような心地よい過去世の出来事だけでなく、離婚や財政的崩壊や病気や喪失や裏切りのような苦しい経験も、感情的痕跡を残しているのです。さらに、その影響はこれだけでは終わりません。

これらの経験とあなたの反応結果のエネルギーがコード化されます。
たとえば、もしあなたが過去世で夫に裏切られたなら、男性は信用できないという結論が深くコード化されているでしょう。その結果、あなたは恋愛関係を切実に求めながらも、無意識のうちに抵抗しているかもしれません。これは、対立した意図となって、あなたが気づいていない障害をつくり出しています。

同様に、今世における激しい感情的な出来事が、未来の経験の種を植えつけるというのも真実です。そのような理由から、あなたにとってつらかった経験の感情的エネルギーを浄化し、自分がつくった有害な結果を書き換えることがとても大切なのです。

現在の問題は、過去世にその原因があるかもしれませんが、永遠の命への進化のために、あなたは今この場で、それに対処しなければなりません。それがいつ起きたことであろうと、感情的影響を受けた経験に向き合わなければなりません。問題に対処するまで、それは、あなたの人生に現れ続けるでしょう。

❷怪我や病気などの身体的問題

もっとも強烈にコード化される過去世の記憶は、暴力や深刻な怪我や病気です。

実際、現在の病気が、過去世の肉体的トラウマに基づいているのは珍しいことではありません。たとえば、過去世で溺れた経験が、現在の呼吸器系の問題に関係しているかもしれません。水への恐怖症として現れることもあります。

ひどい怪我やトラウマは感情に強く訴えるものなので、それはあとに続く人生にも大きな影響を与えます。過去世で怪我をしたのと同じ場所を手術することもよくあります。このことは、私のリーディングや退行催眠セッションで何度も目にしました。最近のセミナーでの経験を紹介しましょう。

昼食を終えてセミナー会場に戻ろうとしていた時、一人の女性が近づいてきました。

「簡単な過去世リーディングをしていただけませんか？」

午後の開始時間に遅れそうだったので断ろうとしましたが、強烈かつ鮮明なイメージが浮かんできて、立ち止まらざるをえませんでした。私は、彼女が戦場で、剣で胸を突き抜かれたのを目にしたのです。

「過去世で、あなたは胸のあたりを剣で突き刺されました」

そう言って、ちょうど剣が突き刺さった部分を指差しました。

すると、女性は驚いて叫びました。

「実は、乳がんで、まさにその部分を手術したばかりなんです」

彼女の学びは、自分を愛し、自分を優先させることだと感じました。過去世で、彼女は戦場にいるはずではありませんでした。そして、今世でも、他人と闘う必要はなかったのです。

これは珍しい例ではありません。身体的虐待や攻撃、事故による怪我は、強烈なエネルギーの波動を生み出します。その経験は、私たちの意識の中に深くコード化され、細胞の記憶の中にもたらされるのです。

すべての病気の原因が過去世にあるというわけではありませんが、私たちの深刻あるいは慢性的な症状は、過去世での激しい感情的問題とつながっている可能性が高いと言えるでしょう。

❸早すぎる死、突然の死、暴力的な死

あなたのカルマのコードに大きな影響を与えるのは、過去世での死のタイプとタイミングです。若くして死んだり、予期せぬ突然の死は、学ぶはずだった魂の学びに大きな混乱をもたらし、すぐに戻ってこなければなりません。その興味深い例として、現在の人口の年齢構成があげられるでしょう。

アメリカでもっとも多い年齢層は、ベビーブーマーと呼ばれる世代ですが、この現象はアメリカに限られたことではありません。世界中で、１９４６〜１９６４年生まれの人の

数が著しく多いのです。

この現象は、第二次世界大戦終結後の平和や繁栄の結果だと考えられています。それは正しいのでしょうが、人口の増加にはカルマも影響しています。

戦争中、無数の若い命が奪われ、その結果、個人レベルと集団レベルの両方で、途方もない量のやり残した仕事が生まれたのです。彼らの魂は、この世から去る準備ができておらず、また、去りたいとも思っていませんでした。そして、戦争が終わるとすぐにまた戻ってきたのです。

年齢を問わず死は感情的な経験ですが、命が予期せずに奪われると、魂は再びその冒険に戻らずにはいられないと感じます。人生の多彩な喜びを経験したいだけでなく、もっとも深いスピリチュアルな学びを終えたいと思っているからです。

若さは、それ自体で激しい感情にあふれています。人は、将来の計画を立て、恋に落ち、これからやってくることへの期待と熱意にあふれています。そのワクワクした気持ちが突然断ち切られたら、その魂が、即座に戻りたいと思うのは当然でしょう。

一方、老年になっての死は、感情的興奮が少ないものです。多くの経験を積んだ魂は、源とのもっと強いつながりを願っているかもしれません。このような場合、先に進む準備ができているので、この世にすぐに戻ることはあまりないでしょう。

カルマを共有する人々

私たちは、すぐに戻ってくるかもしれませんし、しばらく待って、魂の集団として戻ってくるかもしれません。

私たちは、意識を共有するように、カルマも共有します。つまり、共通の経験に基づいて、互いを結びつける学びを携えて戻ってくるのです。

共有するカルマは、家族や友人、あるいは同僚のような小さなグループに限られることもあります。また、文化や国というように、大きな広がりを持つこともあります。

病気の子を持つことは、若い夫婦にとって共有のカルマになります。その学びは、個人レベルと夫婦レベルの両方で取り組まなければいけません。カルマを共有するもっと大きなグループとして、会社の倒産を知った社員があげられるでしょう。さらに広い範囲の例は、戦争や飢饉や自然災害が、地域や国を破壊した場合に見られます。

そのような経験は、個人にとってだけでなく、それにかかわるすべての人にとっての学びです。私たちの共有する学びを発見するために、個人レベルを超えた、より広い経験について考えてみましょう。最近の経済状況は、私たちが優先順位を変えて、これまでの古い物質的執着を手放し、人間関係や個人的な楽しみにもっと大きな満足感を見出すべきだと伝えているのかもしれません。

共有の出来事に取り組んでいる時には、関係する人たちとその経験を話し合うのがよいでしょう。

どんな学びやチャンスなのかを調べ、その意味をもっと深く理解するために、互いに助け合えるかどうかを考えましょう。

最近、ニューヨーク州でワークショップを行いましたが、そこで、共有するカルマの面白い例に出くわしました。みんなで瞑想したあと、一人の参加者が自分の過去世の経験を話してくれたのです。南北戦争後にニューヨーク州に移住し、新たな生活を始めようとしているものでした。

彼がこの話をすると、ほかの参加者も次々と同じような経験をしたと言い、その時代の喪失感や新生活への期待感を分かち合ったのです。最終的に、クラスの半分以上が同じような過去世を見ていたとわかりました。クラスのほとんどが見ず知らずの人だったにもかかわらず、です。私たちは、このような喪失感を癒し、より深いスピリチュアルな意味を見つけるために、この場に一緒にいたのだと思います。

スピリチュアルへの興味の高まりも、今日の共有したカルマの例だと考えています。

過去世において、聖なるものの追求を邪魔された人や、自分が信じるもののために迫害を受けた人がたくさん存在しています。そのような有害なエネルギーを調整し、個人あるいは国全体として、スピリチュアルな成長という共通した目的に取り組むためにこの世に生まれてきた人たちが、無数にいるのでしょう。

過去世での経験があなたをつくり上げている

自分の過去や現在の経験を誰と分かち合おうとも、あなたにはいつも、自分特有のカルマのコードがあります。それは、過去においてつくり上げられ、未来に影響を与える情報です。

これらのものすべてが、あなたのエネルギーを構成しています。つまり、現在、あなたが誰で、なぜこの世にやってきたのかについてのコード化されたメッセージです。

この本では、これらのパターンがどのようなもので、今のあなたにとって、どのようなことを意味するのかを探求していきます。

これはあなたのカルマのコードで、あなたの魂が成長するための推進力となるものです。いくつもの人生にわたるすばらしいプロセスの一部で、悟りやより深い理解をもたらしてくれるものなのです。

カルマについての誤解と真実

カルマに関する誤解の一つに、誰かははっきりしない強力な審判によって与えられた罰だ、という考えがあります。でも、それは真実ではありません。カルマは罰ではなく、拘束力のあるものでもありません。それは私たちの魂が、他の魂とともに計画したものです。

では、他の誤解についても調べて、カルマの本当の姿を発見しましょう。

●カルマは、これまでの悪い行いに対する罰や仕返しではありません。自分に降りかかる困難の原因がすべて、過去世にあるわけではありません。

●カルマは、エネルギーパターンやその意味を交換したり、送り返したり、理解したりすることです。あなたの魂が選んだいくつかの学びはカルマによるものではなく、成長するためのものです。

●カルマは、前もって決められた運命ではありません。

学びは計画されていますが、細かな事柄は決められていません。
●カルマは変化し、柔軟性があります。あなたの意識が変われば、カルマも変わります。
●カルマはエピソード風で、具体的なものではありません。
あなたは過去世からもたらされたすべてのことを経験する必要はありません。
●カルマは、問題と関係しています。
そのパターンを癒し、学ぶべきことを学べば、関係するすべてのカルマが解放されます。
今世だけでなく、過去や未来の人生からもです。

カルマのコードは、あなたが誰であり、何を経験し、そのすべてにどのように反応しているかという明確な情報を表しています。このコードには、次のものが含まれています。

❶過去の出来事についての隠れた記憶。
❷それらの出来事に対する感情的反応。恐れ、拒絶、喜び、ワクワク感など。
❸このような感情に基づく大切な結果。特に、あなたの価値、安全、パワー、そして他人のパワーに関するもの。

❹肉体的な悩みと、それに関する結果。
❺学びや個人の成長に関する目的。その中には、あなたのスピリチュアルな真実とつながり、それを表現することを含む。

カルマには、主たる目的が二つあります。
❶私たちが過去世で繰り返しているエネルギーを経験させ、理解させること。
❷過去世で回避した大切な学びを学べるように助けること。その学びは、私たちの悟りのために重要なだけでなく、宇宙における愛の拡大のためにも大切。

私たちが、カルマとは学びで、学ぶことによって過去世のエネルギーが戻ってこないようにすることだと理解した時、これら二つの目的が達成されるでしょう。

ですから、あなたが過去世で殺人を犯していたとしても、そのカルマのコードを解放するために、今世で殺害される必要はないということです。この場合に必要なのは、命の持つ本質的な価値を理解し、他人の命を心から尊敬するように学ぶことです。このことがあなたの意識を変え、古いコードを壊し、より高次の新しい目的を形成するでしょう。その結果、あなたはもっと調和のとれた波動を持てるのです。
けれど、学びはその出来事自体ではなく、あなたの悟りによってなされるのです。

人生を魂の観点で見れば、すべてが変わる

「なぜ私たちは、このような辛酸をなめ続けるのでしょうか？」と尋ねられることがよくあります。結局、人生とは困難に満ちたもので、時には耐えられないほどつらいものなのかもしれません。

でも、魂は、もっと長期的で壮大な物の見方をしています。それは困難を見るだけではなく、人生のすばらしさにも気づいています。

魂は、日々の夕暮れを目にし、花々の甘い香りを感じ、赤ん坊の笑い声を聞いて、ワインを味わった時の喜びを満喫しています。このようなすばらしい瞬間のすべてが、人生を最後までまっとうさせるのかもしれません。けれど、魂は、単なる喜びよりも偉大で、もっと感動的なものを見ているのです。それは、病気に立ち向かう勇気、他人を助ける思いやり、暗闇の中で光のほうへ目を向けることから与えられる自由、のようなものです。

魂は、私たちのエゴとは大きく異なる方法で、この世の人生を見ています。それは、こ

れからどんな役を演じるかわかっている役者に似ています。つまり、その役は一時的なものですが、重要なことだと知っているのです。

彼は、そのドラマの制作はやがて終わり、次のドラマに取り組むことがわかっています。ですから、自分が演じる人物が苦しんでも、役者はそのことに悩まされません。非常に難しい、感情に訴える役は、自分の演技力を磨いてくれるものだと知っているのです。

魂も同じ考え方をしていて、地上での経験は短いものだと知っています。私たち人間にとっては、80年以上にも及ぶ長いものであってもです。この役は一時的で、永遠の現実においては一瞬のものですが、それに対する取り組み方は、魂の成長の点から見れば計り知れないほど重要です。やがて、魂は別の役に移行しますが、今は、悟りや愛という技術を身につけるために、進んで苦労を引き受けているのです。

病気や貧困のような苦しみは、役者がその役割を演じる時と同様に、永遠の自己にとっては大きな問題ではありません。魂は、知恵や自己理解や表現力を伸ばし、愛や奉仕や思いやりを拡大するという目的を達成するため、つまり、内側にある魂に目覚めることからやってくる悟りを得るための重要なチャンスだと考えています。

魂は、あなたの人生の出来事を、どのように見ているのでしょうか？ 良い出来事も悪い出来事もありますが、その背後にはもっと大きな計画が存在するとわかっています。あなたは、エゴや執着に邪魔されて、自分の高次の計画を覚えていないかもしれません。けれど、魂の観点から物事を見始めた時、すべてのものが変わるでしょう。あらゆる経験において、学び、つまり、より深い意味が存在し、出来事そのものよりも、むしろ、あなたが学ぶものが重要になります。

魂は、あなたに起こることよりも、それに対してどう対処するかが重要だと知っているのです。

あなたのカルマのコードは、魂の観点の影響を受けています。それは、優先的に取り組まなければならない重要なもので、次のようなことが含まれます。

- **自分の人生の意味と目的を見つけること。**
- **いかにして暗闇の中に光をもたらし、苦しみの中に愛をもたらせるか尋ねること。**
- **神の意識へと自分の心を開くこと。**

このような永遠の観点を優先させれば、あなたを今世につれてきたコードを変えて、自分の運命の方向を変えることができるでしょう。

一歩下がって自分の人生を見つめ直せば、それは見事なジグソーパズルに見えてくるでしょう。一つ一つの断片がどうつながるのかわからないかもしれませんが、それは特別な方法で一つにまとまるのです。あなたが自分の人生に過去世からの断片を加えた時、はるかにはっきりと理解できるでしょう。やがて、自分がどんな人間で、何をしようとしていたのか、見事な全景が見えてくるはずです。

パート2◆過去世からのコードを壊す

4章　エネルギー体に残る病気や傷

あなたの魂は永遠です。物質的存在としての体には、始まりと終わりがありますが、あなたの魂は決してなくなりません。

人生ごとに新しい肉体を与えられますが、あなたを構成するのはこれだけではありません。あなたにはエネルギーの体もあります。それは、光と波動からなり、スピリチュアルなエネルギーにあふれ、あなたの永遠の自己と共鳴しています。

これには、さまざまな名前があります。アストラル体とかエーテル体と呼ばれたり、オーラと言われる場合もあります。これらの定義は少しずつ違いますが、忘れてはならない重要なことは、あなたがエネルギーからなるということです。その中心は、あなたのスピリチュアルなアイデンティティで、それは何度生まれ変わっても、あなたとともにあります。

過去の身体的経験からコード化された情報は、エネルギー部分に貯蔵されます。次々と人生を経験していくうちに、トラウマや病気や傷の痕跡がエネルギー体に残されていくのです。

たとえば、過去世で背中を刺されたなら、その経験の波動が今世のエネルギー体の同じ場所に保持されています。子ども時代に足首を骨折したせいで、大人になってからも同じ場所に関節炎が起きるように、過去世の傷跡やトラウマが波動の形で保持され、ずっとあとで身体的問題として表面化します。

エネルギーの記憶にあまり残らず、さほど影響を与えない出来事がある一方で、あなたの体に大きな影響を与える過去世の出来事もあります。現在の状況が慢性的で、苦しいものであればあるほど、それが過去世から来ている可能性を考えたほうがよいでしょう。

過去世から得られた情報は、エネルギーの記憶を癒すだけでなく、現在の身体的症状を癒すことにも役立ちます。

罪悪感が招いた病

私が22歳で初めて過去世に戻った時、コード化された体に関する情報を学びました。自分が発見したことにびっくりしたものです。

私はずっと、アレルギーや感染症に悩まされており、それは年をとるごとにますますひどくなっていました。かつて、過去世についての講座に参加していた時、自分の問題はどんな過去の経験を表しているのかと、先生に尋ねたことがあります。すると、「あなたは過去世で鼻もちならない人間だったから、鼻水ばかり出るのよ」と言われました。

その答えには笑ってしまいましたが、この慢性的な症状には、カルマがかかわっているに違いないと思いました。でも、この鼻の症状が気管支炎に発展するまで、それ以上調べようとはしませんでした。

19歳頃から、私は慢性的な喘息や肺の感染症に苦しみ始めました。2、3年、薬を服用してみて、22歳の時、このような状態に関係する過去世の出来事を調べてみようと決心したのです。それまでの5年間、東洋哲学や宗教の研究に没頭していましたが、過去世に戻ってみようなどとは一度も思いませんでした。自分が催眠状態になるのがわかっていましたし、催眠術について、次のような不安があったからです。

●催眠術にかからなかったらどうしよう。
●何も情報が入手できなかったり、やっかいなことになったらどうしよう。
●催眠術にかかったリラックスした状態で、どうして自分の経験について話せるのだろうか？
●自分の発見したことがトラウマになったり、心を動揺させたり、体の状態をもっと悪化させたりしたらどうしよう。
●輪廻転生など存在せず、過去世を見ようとする自分は馬鹿じゃないだろうか。

セッション中、このような心配が次々と私の心に浮かんでは消えていきました。そこで、この不安をセラピストにぶつけてみると、こう説明してくれたのです。

「催眠の前に疑念を抱くのは当然のことです。それが過去世のように漠然として馴染みのないものなら、なおさらですよ」

さらに、どんな情報を受け取っても、催眠状態のまま話すことができ、すべて覚えていられる、と約束してくれました。実際、過去世に戻ったあと、すべてがますますはっきりし、他の記憶も自然に浮かんでくるようになりました。

セッションを始める前に、セラピストは、私がどんな問題に取り組み、何の情報を求めているのかと尋ねました。私は、鼻や肺の感染症、喘息などの病歴について説明しました。また、過去2年間ほど、息が苦しくて、朝の4時15分ピッタリに目が覚めることも話しました。おかげで慢性的な睡眠不足だったのです。寝る前に飲む喘息の薬は、だんだん効かなくなっているようでした。

そこで、現在の呼吸の問題を引き起こす原因になっている過去世の出来事を見つけることが、私たちの目的になりました。

初めにリラックスしてから、自分が主人公の場面へと入り込むと、私はそこで起こったことをはっきり目にしたのです。

私はイギリスに住み、裕福な家の主婦として5人の子を世話していました。それは、私に喘息の種が植えつけられるほんの少し前のことでした。

私は、幼い男の子が叫ぶ声で目を覚ましました。彼は私の名前を大声で呼んでいました。その人生での名前は、エマでした。時計を見ると、朝の4時15分で、私は立ち上がり、ろうそくに火をつけました。

そして、泣いている子どものところへ向かったのです。

ここがどこで、自分がどこへ行こうとしているのかわかっていました。私はかかとすれすれの白くて長いガウンを着て、裸足で大理石の床を歩いていました。鏡のそばを通り過ぎた時、チラッと自分の姿が見えましたが、年は19歳くらいでした。それは、今世で私の喘息が始まった年齢だったのです。

子ども部屋に入っていくと、小さなかわいい金髪の少年が咳き込み、息ができずに泣いていました。明らかに、肺炎を患っているようでした。ぜいぜいという音が聞こえ、彼はもう長く生きられないと思い、悲しみがこみ上げてきました。

私は、サイドテーブルにろうそくを置きました。ろうそくの隣には、イギリスの軍服である赤い外套を着た金属製の兵士人形がありました。

現在の自分がこのような情報を話している一方で、過去の自分が絶望に打ちひしがれているのは不思議な感じでした。この少年が病気で、その責任がすべて私にあることはわかっていました。雨の中を連れ出したせいだと、ひどく自分を責めていたのです。

少年が私の名前を呼び、ますます息苦しそうになったので、彼を腕に抱き、祈り始めました。

「神よ、どうぞ息子をよくしてください。どうか連れていかないでください。罰は私にお与えください」

私が神と交渉し、代わりに自分が病を引き受けられるようにお願いしている時、愛する幼い男の子は、私の腕の中で息を引き取りました。

関連性は明らかでした。この子の死に、私はものすごい罪と責任を感じていたのです。そして、彼の死を防げなかった自分を罰したいという気持ちとともに、罪悪感や責任感をコード化したのです。

自分自身を病気にしたいという願いが今世の原動力の一つとなり、私の魂の記憶の中に刻み込まれました。私は、この事件に関連する感情や身体的問題から自由になるために、かなり努力しなければならないとわかりました。

この退行催眠のあと、私は朝4時15分に起きることはなくなりました。感情的な苦しみとそれに伴う影響をなくすために、情報だけが必要なこともあれば、さまざまなワークを要することもあります。

喘息と肺の感染症の連鎖を断つには、かなりの時間がかかりました。症状はほとんどなくなりましたが、今でもごくたまに現れます。最近になってこの問題が再燃した時、その状態に結びつく別の過去世に気づくことになりました。私にとって、責任はまだテーマであり続けていたのです。

過去世の情報によって、罪の意識や責任を感じることもあります。でも、過去世の過ちについて自分を責めても、現在は癒せません。その人生で与えられた歴史や環境において、自分は最善を尽くしたということを忘れないでください。

その少年の死によってコード化された責めを手放すことが、私の責務となりました。罪悪感、責任感、世話の3つが、今世の私の課題となっていました。自分では気づいていませんでしたが、すべての人に責任を感じるという生活スタイルを築き上げていたのです。

私が心理療法士になった時、24時間体制で、呼ばれればいつでもすぐに応じられるようにしていました。私生活よりも患者の要求のほうを重んじたのです。

他人を世話したいという一心で、仕事に没頭しました。けれど、境界線を設けず、自分の生活をおざなりにするたびに肺の感染症が起こり、罪や責任の問題からまだ解放されていないことが明らかになったのです。生活の仕方を変えて、自分を優先しても大丈夫だと知り、他人と自分を同時に愛する方法を見つける必要がありました。

境界線を引けるようになり、他人を世話しながら、同時に自分の面倒を見られるようになった時、肺の感染症や喘息は、しだいに少なくなっていきました。自分の生活のバランスがとれるようになって、呼吸にも調和と健康がもたらされたのです。

今でも、呼吸の問題が起きると、自分を優先し、自分の世話をすることが大切だ、と思い出しています。

問題が再発するように、人も再び現れます。

過去世に戻った時に出会った少年は、今世でも重要な意味を持って再び現れました。私は、彼から別の教訓を学びましたが、それについては、あとでお話しします。その時まで、「カルマのすべての人間関係に責任を負う必要はない」ということを覚えていてください。

体に現れる過去世のサイン

あなたのまわりには、たくさんの過去世のサインがあります。それは自分の傾向や生活を見れば気がつくはずです。

では、何らかの症状がある体の部位と対話するための瞑想を紹介します。自分の内側からの答えが聞こえるように、心を開き、リラックスして行いましょう。

体と対話する瞑想

楽な姿勢になって、2、3回、深い呼吸をしてください。あらゆる思いや心配や期待を手放しましょう。

情報を入手したい体の部分や状態について考えてください。安らかでオープンな意図を持ち、意識をゆっくりとそれに向けていきます。

しばらく意識をそこにとどめて、体に次の質問をしましょう。

1．これが私にもたらしている意味や学びは何ですか？

静かにして、どんな答えが現れるか待っていましょう。

答えは一言あるいは一文かもしれませんが、それに注目してください。

2．現在起こっていることに関係した過去世はありませんか？

もっとリラックスしましょう。

イメージを見たり、言葉が聞こえたり、何か感じるかもしれません。その意味は今のところ理解できなくても、時間がたつにつれて明らかになっていくでしょう。

やってくるものすべてに注意しましょう。たとえ初めのうちは何も現れなくても、夢の中やくつろいでいる時に情報を受け取るかもしれません。

受け取ったものすべてを信頼し、書きとめておきましょう。

日常生活ですでに現れているサインを調べましょう。

それについて意識的に考えることは、次の二つの意味で役に立ちます。

❶それは、現在と過去の問題についての関係を明らかにしているかもしれません。

❷それは、深くコード化された情報の無意識の記憶を刺激し、大きな意識の転換へと導くような深い目覚めの可能性を広げます。

それでは、現在の身体的経験が過去世の出来事についてどんなことを語っているか調べてみましょう。

すべての徴候が過去の出来事と関連するわけではありませんが、そこには、いつもあなたへのメッセージがあります。たとえば、学ぶべきこと、古い感情を捨てるチャンス、健全ではない習慣をあらためるきっかけなどです。

体は隠喩を用いてあなたに話しかけています。不快感や不調和は、あなたがチェックすべき何かがあることを示しているのです。

次に述べるカルマの手がかりを読みながら、あなたの心に浮かんだことをメモしてください。そうすれば、体の問題の解釈や、今世での意味を見つけ出せるかもしれません。

自分の直感を信じて、思いついたことすべてを記録しましょう。その重要性がすぐに理解できなければ、それについてよく考えてみてください。身体的問題がもたらしているかもしれないメッセージに、心を開きましょう。

これは、直感的調査のドアを開くだけでなく、カルマをきれいにし、現在のプロセスと魂の発展の両方に、より大きな調和とバランスをもたらすでしょう。

持病

関節炎や喘息、高血圧や胃腸の問題、繰り返し起こる偏頭痛などに苦しんでいるなら、それは過去世に始まった可能性があります。特に、現在の人生の大半を苦しんできた場合にはそうでしょう。過去世で、その病気だったり、その体の部位に繰り返し傷を負っていた可能性があります。

あなたのエーテル体は、癒されない記憶を保持し、時間を超えて、体の同じ場所にその波動をもたらします。たとえば、過去世で頭を怪我していたら、慢性的な偏頭痛になるかもしれません。ですから、以前の経験の感情や出来事の結果を調べることが重要なのです。そうすれば、その感情を解放できるでしょう。過去と現在の両方のエネルギー的な問題を理解し、変換すれば、カルマのコードを除去して、今日の持病を治せるのです。

最近のセミナーで、一人の女性が胃酸の逆流がひどくてつらい、とぐちをこぼしました。彼女がその症状について話している時、私の心の中では過去世のエピソードが展開されていました。

彼女は奴隷で、アフリカからアメリカへと船で運ばれていくところでした。その船中で、人々は鎖につながれ、肩と肩がぶつかるような窮屈な場所で何日間も過ごしていました。その上、まともな食べ物は与えてもらえず、船のひどい揺れと虫がたかった食べ物のせいで、口にしたわずかな食べ物も胃の中におさまらなかったのです。みじめさや怒り、無力感などが彼女のエネルギーの記憶に刻み込まれ、永遠の意識となりました。

さらに調べていくと、今世の母親は、彼女を捕らえた人物だとわかりました。現在の人間関係は、過去世での自由と力の欠如を反映していました。彼女の魂は、昔のエネルギーからの解放を求めていたのです。つまり、永遠の価値と無限の力によって自分を再定義することです。

彼女は、体やスピリットに対する過去の支配から解放される必要があっただけでなく、自分の現在の母親と真の関係を築かなければなりませんでした。彼女は境界線を設けて、自分の力を母親にはっきりと主張する必要があるとわかりました。

今世で処理しなければならない体の症状を書き出しましょう。

それらは、過去世との結びつきの可能性を思わせますか？

それがあなたのために保持しているメッセージや学びは何ですか？

これは重要な学びです。過去世の問題を癒し始めた時、私たちは新しい選択や行動や信念で生きなければなりません。

アレルギー、喘息などの呼吸器系の症状

人がアレルギーや呼吸困難になる原因はたくさんあります。それは、今世と過去世の両方で見つかるでしょう。

時に死を招きかねない重度のアレルギーがありますが、その原因は過去世のひどいトラウマ的な経験にさかのぼることが多いようです。発疹のような慢性的であっても命に別状はないアレルギーは、過去の憤りを示しています。

金属アレルギーで、宝石を身につけられないクライアントがいました。特に、銀がかゆみや発疹を引き起こしていましたが、退行催眠をしてみると、彼女はコロラド州の銀鉱山

で働いていたとわかったのです。今世で彼女は、狭い場所での不快感も経験しており、この二つの問題の関連性を知って驚いていました。

アレルギーは、過去世の職業や居住地を示すこともあります。

かつて、セリアック病のクライアントがいました。セリアック病とは、小麦粉などに含まれるグルテンに対する重度のアレルギーです。

彼女は、退行催眠中、１９３０年代に土砂嵐の被害を受けたオクラホマ州の小麦農家だったことがわかりました。農場を救うために全力を尽くしましたが、すべてを失ってしまい、それには、まだ幼ない子どもの死も含まれていたのです。感情的な苦しみと、このトラウマによって刻み込まれた情報がセリアック病につながっていただけでなく、経済的損失への恐れや、子どもに対する過保護な態度としても現れていたのです。

呼吸の問題は、過去世であなたが抑圧されていたことを示します。それは文字通りの呼吸困難であったり、比喩的な意味での呼吸困難だったりします。過去世で、あなたは、自分の欲求を尊重しなかったり、自分の感情を表現できなかったのです。

喉の問題は、それがアレルギーや感染症やガンと関係するか否かにかかわらず、文字通り、もしくは象徴的な意味での窒息を意味しています。過去世で、あなたは真実を話すことを許されませんでした。

もし、現在、喉や肺に問題があれば、これはカルマからの指令かもしれないと考えましょう。つまり、魂の意図を話すようにし、人生のあらゆる人間関係や分野で真実を尊重するようにしてください。

もちろん、呼吸の問題は、喫煙など現在の習慣によっても引き起こされますが、そのような依存症的な行為に駆り立てるのは、過去世のコードかもしれません。大切なのは、現在や過去世の細かい事実にあまりとらわれないことです。

あなたにとって重要な問題があるなら、その学びは何かを探してみましょう。それがあなたのカルマのコードを壊すカギとなるはずです。


あなたには何かアレルギーがありますか？

もし、あるなら、いつどんな形で現れていますか？

その出現についてどう思いますか？

特別な職業や居住地がかかわっていますか？

皮膚や呼吸の症状はどんなものですか？

自分の体と対話し、慢性的な体の問題について、何に注意を向ける必要があるかを考えましょう。

骨折、傷、手術

怪我や手術などに関係したトラウマがある時は、体のその部分が以前に傷つけられた可能性があります。

若い時に車の事故に遭い、両足を骨折したクライアントがいました。骨折はとてもひどく、何回も手術を受けなければなりませんでした。彼は麻酔から覚める時に、自分が教会を建てているレンガ職人だったという、鮮明な夢を見たのです。

夢の中で、作業中の壁が自分の上に崩れ落ち、彼は両足を骨折して歩けなくなりました。そして、残りの人生を母親の世話になりながら、結婚もせず、怒りとフラストレーションを感じて生きたのです。

今世での車の事故は、精神的ダメージにはなりましたが、さほど深刻なものではありませんでした。幸い、現代医学のおかげで、足は元通りになったからです。でも、過去世における意外な新事実は、彼にとって現在の重大な問題を明らかにしました。彼が今でも母親に依存していて、28歳になってもまだ自分一人の生活を怖がっていたことです。

最後の手術から回復すると、彼はすぐに実家を出ました。事故や手術はつらいものでしたが、今では恵みだったと考えています。そのおかげで、深く刻み込まれたパターンから自由になれたのですから。

昔のトラウマと関係する傷があったり、手術を経験したりしていますか？
過去世のどんな出来事が、現在の経験のきっかけとなっていると思いますか？
体の部分と対話して、古い感情を手放し、新しい結果を生み出すために何ができるかを自問してみましょう。
傷やあざは、過去のトラウマの出来事を示しています。それらが現在、あなたにどんな意味をもたらしているかを調べましょう。

致命的な病

致命的な病気には、過去世での経験や、とても重要な学びが含まれています。ひどい苦境はしばしば、信頼や神とのつながりのようなことを私たちに教えるためにもたらされます。これは、体と魂の両方に大きな変化を与えてくれるでしょう。

私の親友のパットは、ＡＬＳ（筋萎縮性硬化症）と診断され、数年にわたって徐々に身体能力を失っていきました。そして、とうとう亡くなってしまいましたが、生前、この経験が彼女の人生にもたらした学びについて、私たちは何度も話し合いました。そして、パットは、いくつかの重要な結論に到達しました。

彼女の主な学びは、すべてを仕切りたいという欲求を手放し、他人にどう思われているのかを気にするのをやめることでした。これは、彼女にとっていつも重要なテーマでしたが、皮肉なことに、今では自分の体さえコントロールできなくなってしまったのです。彼女は、他人にどう思われようと気にしないようにみんなに伝えてくれ、と私に頼みました。彼女はほかの人が、自分を受け入れる大切さを学ぶために同じ経験をしなくてすむように、と願ったのです。

これらは彼女にとって重要な人生の学びでしたが、決定的なのは、病気によってもたらされたスピリチュアルな目覚めでした。彼女は、いつもさまざまな瞑想や祈りなどをしていましたが、病気になってから、そのすべてが心からの体験に変わったのです。それまでは、頭の中で理解していたにすぎませんでした。

つらい体験を通して得たものは魂の経験だった、と彼女はよく言っていました。つまり、人生のすべての出来事に意味を見出したのです。

彼女は神の存在を感じ、以前とは違う物事の理解をしていました。とても苦しんでいるにもかかわらず、内側の目覚めが、深い安らぎを与えていたのです。

永遠の魂は、この世での死について、人間であるあなたと同じようには考えていません。死は、単なる別の時間や空間への移動なのです。

家族や友人との短い別れはありますが、本当の時間、つまり、魂の時間では、瞬きと同じくらいの長さです。私たちは本当の意味でみんなつながっていて、別れは存在しません。魂の成長の仕方は不思議です。私たちは、自分の魂が今世の学びを選ぶ時に何を考えていたのかわかりませんが、それはつねに、より大きな理解を得るための大切なエクササイズになっています。

結局、私たちが地球に戻る理由は、成長、発展するためです。私たちは、学び、感じ、理解し、成長するために、あらゆる種類の喜びや苦しみを経験します。魂の観点から言えば、あらゆる経験が学びのチャンスなのです。

5章　私とは何者かを知る

あなたを構成しているのは何か、考えたことはありますか？

現在のようなタイプの人間にしたのは何ですか？

あなたの気質の重要な部分は、両親の心理的・情緒的エネルギーに由来します。これらの要素については次の章で詳しく扱いますが、あなたと両親との関係でさえ、過去世にその種を宿しています。

パーソナリティをつくり出す要因はたくさんあります。もっとも深い要因は、信念体系に現れ、それは考えや選択の基礎になります。私たちはまた、好き嫌い、喜びや才能、自分が知らない歴史の微妙なニュアンスにも影響を受けています。

あなたの永遠の意識は、時間の始まりから集められ、貯蔵された情報のフィールドです。その情報には、記憶や好みや望みや嫌悪が刻み込まれていますが、あなたは気づいていないかもしれません。時間がたつにつれて、あまり感情が込められていない記憶は消えていき、感情にあふれる記憶は増えていきます。さらに、はるか昔のコードが、今日、浮かび上がってくることもあるでしょう。

過去世の詳細を明らかにするために、もっとはっきりした特性をいくつか見てみましょう。次のパーソナリティの要素を読みながら、あなたが直感的に受け取った情報をすべて書きとめてください。

心を開いて、これらの要素がどのように過去世でコード化されたのか、そして、あなたの現在にどのように影響しているかを見てみましょう。リストを読みながら、自分の好きなものと嫌いなものの両方について考えることが大切です。強烈な抵抗は、強く魅力を感じるのと同じくらい、過去世とのつながりを示しているからです。

では、あなたの現在の旅を構成し、あなたという存在を織りなしているものを見ていきましょう。

あなたのカルマの情報を収集する

　プロファイラーとは、容疑者に関する情報収集をする人で、どんなものを好んで食べるか、どんなタイプの服を着るかまで、あらゆる情報を収集します。このデータから、容疑者の完全な人物像が生まれてきますが、表面的にはあまり重要ではない小さな断片こそが真実を明らかにするのです。

　あなたは、自分自身のカルマのプロファイラーになれます。自分の傾向に気づけば、カルマのアイデンティティを追跡し、さらに価値のある情報への扉を開くことができるでしょう。そうしながら、どのパターンを変えたり、あるいは強化したりすればよいか簡単に見分けられるはずです。

個人的な好き嫌い

　あなたの好きなものについて考えてみてください。

　どんな種類の音楽が好きですか？　アメリカ先住民の芸術や音楽に惹かれますか？　それとも、ヨーロッパの代表的な作曲家によるバレエや交響曲が好きですか？　特に興味のある楽器はありますか？

特定の楽器や音楽ジャンルが好きなら、過去世であなたがそれを演奏していたか、それに影響を受けていたからでしょう。

芸術や文学、洋服やデザインのスタイル、建築の好みも、過去世にその種を宿しています。東洋の芸術が好きだったり、異国の宗教に心惹かれているなら、おそらくその宗教について好ましい記憶があるのです。東洋の芸術が嫌いだったり、外国の文化や宗教に批判的なら、それらの地域に関係する不快な記憶があるのでしょう。

実際、世間で流行しているものは、大きなグループが共有するカルマを示しています。たとえ過去世でお互いに知り合いでなかったとしても、一つの時代を過ごした人たちが一緒に戻ってくるのはよくあることです。そのグループ意識は、文化や芸術や文学の中で、彼らが以前共有していた要素を復活させるでしょう。

たとえば、１９８０年代の中頃、ビクトリアン様式の建築がとても流行し、アメリカ中の多くの人がその様式の家を建てたのです。私はこれを、ビクトリア時代に生きたたくさんの人々が、同じ時期に生まれ変わったためだと考えています。彼らは、家を建てたり、買ったりするようになった時、過去に心地よさを感じたスタイルに決めたのです。

私もビクトリア時代に生きていたとわかっています。それを示す記憶や連想があまりに多いので、私の中では疑いのないことです。この時代の文学がとても好きで、チャールズ・ディケンズやウィリアム・ワーズワース、アーサー・コナン・ドイルなどの作品をよく読みました。さらに、わが家は、ラファエロ前派の芸術のポスターで壁一面いっぱいでした。ラファエロ前派というのは、19世紀のイギリス絵画のすばらしい学派ですが、その美しい天使や忘れがたいテーマ、説得力のあるスタイルは、自分という存在の一部になっていて、現在の興味か過去世で傾倒したものか区別できません。でも、それは大きな問題ではないと思っています。なぜなら、現在と過去の経験が、両方とも私の魂を揺さぶり、安らかで優雅な記憶を刻み込んだからです。

芸術や音楽や食べ物は、あなたが人生を過ごした時代や場所を示す指標になります。あなたが心惹かれたり、訪れてみたい場所を考えてみましょう。

あなたはどんな場所が好きですか？
大都市、海岸、それとも白い雪に覆われた山ですか？
あなたの出身地やあなたの祖先がいた国は、過去世との結びつきを示しているかもしれません。

祖先がフランス人だというジェームズは、ニュージャージーで建設業者として働いていました。彼は、ジャズを愛し、小さい頃、サクソフォーンに興味を持って習い始めました。退行催眠で彼の過去世に戻ってみると、ジェームズは、ニューオーリンズのフレンチ・クォーターに住む黒人のジャズ奏者だったとわかったのです。この経験に強い衝撃を受けて、彼は建設業をやめ、音楽の世界で生きることにしました。ニューオーリンズに戻りたいという自分の気持ちに従ってみたところ、彼はフレンチ・クォーターでパートタイムの演奏の仕事を得、ハリケーン・カトリーナで破壊された地域を再生する建設の仕事に就くことができたのです。

彼は、二つの目的のために自分が町に呼ばれたと感じており、どちらの仕事にも大きな達成感を抱いています。

あなたの個人的な好き嫌いはどんなものですか？

芸術や音楽、建築やファッション、文化や宗教で、あなたはどんな好みがありますか？

これらの分野で、あなたの好き嫌いを書きだしましょう。それは、あなたの過去世の場所や時代や経験について、どんなことを示していると思いますか？

あなたの好きな色や大嫌いな食べ物のようなものでさえ、過去世との結びつきを示しています。

紫色が好きで、その色をいつも身につけているなら、あなたは過去世で貴族だったかもしれません。魚の味やにおいに耐えられなければ、漁船や魚市場で働いていて、魚を食べすぎたのでしょう。

仕事、才能、興味

生きるための仕事や本業以外の関心や趣味は、とても大切な要因です。頻繁に、もしくは毎日していることは、過去世と関係する可能性が高いでしょう。

実のところ、あなたが興味や情熱や注意を向けるものは、あなたのカルマのコードの不変な部分なのです。

あなたの才能について考えてみましょう。

さほど苦労せずに上達したスポーツや楽器、ゲームや言語はありませんか？　特に小さい頃の情熱は、明らかに過去世での好みとつながっています。モーツァルトは5歳の頃からピアノを弾き、作曲を始めました。早期からすばらしい能力を示したなら、その子は多くの過去世で同じ活動にかかわっていた可能性があります。

職業や興味や趣味は、過去世の経験を通して、お互いにリンクしています。切手を収集している人は、過去世で郵便局に勤めていたかもしれません。今の仕事が造園技師なら、複数の過去世で園芸を楽しんできた可能性があります。過去世で芸術家であったなら、今世では絵や彫刻に強いあこがれがあることでしょう。

けれど、ある職業に対する願望が、まだ達成していない過去世の願望を示すこともあります。

サラは女優になりたがっていました。さまざまな役のオーディションを受け、そのいくつかには受かったのですが、彼女の望む成功にはほど遠いものでした。実は、彼女の強迫的な願望が、成功の邪魔をしていたのです。そのせいで、彼女は人生のバランスと真の目的を見失い、このゴールを達成することでしか自分は幸せになれない、と思い込んでいました。

何が自分のエネルギーをブロックしているのかと相談にやってきた時、私は一番重要な宇宙の法則の一つである、逆説的意図の法則について説明しました。自分のゴールに向けて必死になればなるほど、求めているものから引き離され、意図とは逆の方向へ行ってしまう、というものです。サラがこの法則から自由になり、女優として成功したければ、必死すぎる願望を手放さなければならないでしょう。

私たちは、サラの現在の問題である自己価値や自尊心について考えました。いずれも、彼女がずっと悪戦苦闘していた問題でした。女優になりたいのは、自分自身と彼女に批判的な両親に、自分の価値を証明するためだということに、彼女は気づいていませんでした。

そこで、退行催眠をして、彼女の切迫感が子どもの頃に始まったものか見てみることにしたのです。

サラは、過去世でロバートという舞台俳優だったとわかりました。映画ができる前の時代で、彼はブロードウェイでの成功がかなわず、小さな巡業劇団に属して、いつも経済的に苦しんでいました。

彼の恋人は有名な女優で、ハンサムな彼に恋をしたのですが、彼女にとってはお金持ちで現役俳優であることが大切な条件でした。そこで、一定の期間内でブロードウェイで成功しなければ別れる、と宣言したのです。

退行催眠中、サラは、成功への切望が内部からわき上がるのを感じていました。

彼女は、若い男性である自分が、スーツケースと衣装を持って、列車で町から町へと旅している様子を見ていました。列車の気笛と、ゴトンゴトンという音が聞こえました。その間ずっと、彼女はロバートという男性として、激しい動揺を感じていたのです。成功するために何をすべきかと思い悩み、恋人が別の男性のところへ行ってしまうのが心配でなりませんでした。

結局、恋人は去り、その後の人生は孤独とフラストレーションに満ちていたとわかりました。自分は敗北者で、拒絶されたという感覚が、サラの永遠の意識にコード化されたのです。それは、彼女の自尊心に影響を与え、今世にも現れていました。でも、その不幸な人生と今世との間には、もっと複雑な結びつきがあったのです。

その過去世で恋人だった女優は、今世では、彼女に批判的な父親となっていたのです。父親は、自分の愛情と承認を得たければ成功しなさい、と繰り返し、その考えをサラの心に深く植えつけました。

サラの魂の学びとカルマの指令は、自分の価値についてもっと深く真摯に理解することだとはっきりしました。今こそ、この問題を打ち破る時でした。彼女は、感情的エネルギーと、自分には価値がないというコード化された考えの両方から、自由になり、自分の永遠の価値について理解しなければならなかったのです。つまり、職業ではなく、魂のアイデンティティによって自分自身を再定義するということが必要でした。

彼女は現在の自分の考えを変えようと、この本の8章にあるアファメーションと、感情を解放するテクニックを実践しました。すると、自分には本当は演じたい欲求などなかったと知って驚き、教育という新しい仕事に就くことにしたのです。それはまさに、彼女の愛するものでした。サラは、自分の魂の学びを追求し、絶望感から解放され、自尊心を抱けるようになりました。

職業や情熱や趣味の背後にある未知の歴史を調べていると、面白い情報が見つかります。これらの分野での経験について考えてみましょう。

フラストレーションはありませんか？

何か違ったものになりたいという欲求はありませんか？

ジェームズのように、それがあなたの進むべき道かもしれません。

もしくは、サラの場合のように、それは過去世からの間違った欲求で、重要な学びを与えてくれる価値ある贈り物となるものかもしれません。

現在の人間関係が示すエネルギー的なつながり

カルマの情報に確実にアクセスする方法は、自分の一番大切な人間関係について調べることです。

グループの人々が一緒に生まれ変わることを選ぶ、という輪廻の法則があります。次の二つの理由から、一緒に輪廻転生をする傾向があるのです。

❶私たちは、とてもリアルな感情やエネルギーによって、お互いに結びついています。
❷私たちは、個人的な成長においてお互いに助け合うために集まります。

量子力学で、量子のからみ合いと呼ばれる現象があります。つまり、二つの粒子が一緒になり、それから別々になった場合、どちらもお互いに独立しているとは言えません。それぞれが他方の粒子の必須な部分になっているからです。

この現象は、人間の経験の中にも見られます。私たちは他人と一緒にいる時、その人のエネルギーを拾い上げて、別れて別々の道を行ったあとでも、そのエネルギーにずっと影響を受けるのです。私たちはお互いを結びつける共鳴フィールドを持っていて、それは過去世でも同じです。

ここに、さまざまな人間関係が私たちにもたらす感情的、あるいは認知的レッスンを明らかにする重要性があります。つまり、自分がかかわった人たちのエネルギーを、いつまでも持ち運ばないためにです。私たちは、癒し、手放し、先に進む、という選択ができるのです。

これが癒しの最初の部分です。自分でコントロールする、というはっきりとした決意をし、不健全な感情や考えを取り除いて、自分を愛し、自分に力を与えるのです。

ただ役を演じるのではなく、自分自身の映画の監督になりましょう。これが、魂の求めていることです。

いかに自分の時間を使うか、誰と一緒に時間を過ごすか、もしくは、他人からどう接してほしいかについて、自分で決断する勇気と意識を奮い起こしましょう。

家族や友人

親友や夫婦や親子など、強い感情を伴う親密な人間関係は、過去世で一緒に過ごしたことのあるサインです。

親友は、過去世では兄弟姉妹だったかもしれません。家族は、一緒に生まれ変わり、その役割を繰り返したり、交換したりします。つまり、母親が娘になったり、父親が息子になったり、夫が妻になったり、というようにです。

これらすべての重要な人間関係が、私たちに大切な学びを示していますが、この中でももっとも神聖なのは、親子の結びつきです。

私たちの信念や行動が形成されるのは、敏感な子ども時代です。つまり、両親は、魂の成長に重大な責任を負っているのです。もし、子どもとの関係に有害なものを持ち込めば、今後いくつもの人生で続くカルマのパターンをつくってしまうでしょう。

もし、今世で両親から虐待されたとすれば、その感情から自由になってエネルギーを癒し、間違った情報を正すことが、カルマの指令になります。

魂は、自分の本当の価値や力を知っています。子ども時代に健全な方法でその知識を与えられなければ、大人になった時、あなた自身が自分の愛すべき親にならなければなりません。そして、永遠の存在に値するような励まし、愛情や承認を自分に与えてください。

恋愛と敵意、愛情と嫌悪

愛情や嫌悪などの非常に激しい感情もまた、過去世で結びつきがあった顕著なサインです。

過去世で単なる知り合いだった人とは親密な関係になりません。私たちは、旅を続けていくうちに、親しい人間関係をゆっくりとつくり上げていきます。2、3年、机を並べて一緒に働いた人と、次の人生では親友になったり、家族になるかもしれません。いくつもの人生にわたって、ゆっくりと関係を築いていき、やがてその人と結婚するのです。

人生の中で感情的にも心理的にも一番影響が大きいのは両親との結びつきですが、結婚や恋愛での関係は、もっとも複雑なものです。

過去世でやみくもな情熱や欲情を経験すれば、今世で同じ魂と出会った時に、いやおうなしに惹きつけられるでしょう。これが、一目惚れという現象です。誰もが理解していないのは、これがまったくの初対面ではない、ということです。私たちは、この人物を過去世ですでに知っていて、強い感情を分かち合っていたのです。

このことは、魂の学びについて混乱を招くかもしれません。結びつきが深いなら、以後の人生をずっと一緒に過ごすのが運命だと信じている人がいます。彼らは、「カルマの関係」という言葉を使いますが、カルマの関係とは、以前一緒にいた、という意味で、再び一緒にいなければならない、ということではありません。

かつて、恋人の男性から精神的あるいは身体的な虐待を受けていた女性がいました。退行催眠をしてみると、この虐待のパターンは初めてではありませんでした。過去世で、その女性は、社会的な権力や経済力を持たず、彼と一緒にいざるをえなかったのです。彼女は何度も捨てられたり、無視されたり、傷つけられたりしても、じっと耐えていました。なぜなら、ほかに選択肢はないと感じていたからです。

二人の関係はどの人生でも、愛情あふれる情熱から始まっていました。でも、しだいに彼は暴力を振るい始め、それでもいつも後悔して、生き方を変えると彼女に誓っていたのです。

自分のカルマは、彼と一緒にいて無条件の愛を与えながら彼を助けることだ、と信じて疑わない彼女でしたが、そうすることで、自分を侮辱し、彼に同じパターンを繰り返させていたのです。本当の学びは、彼のもとを去り、自分を愛する方法を学ぶことでした。

彼女が自分を大切にするという魂の求める決断ができるように、彼らは再び今世で巡り合ったのです。彼女はまた、自立することを学ぶ必要がありました。この場合、カルマの人間関係は、自分の価値を認め、手放す、という学びを与えていました。それは、重要な意識の転換が起こるまで、ずっと繰り返される運命にあったのです。

家族や友人や愛する人との関係を考えてみましょう。
あなたの他人への接し方や、他人のあなたへの態度にどんなパターンが見られますか？
あなたが過去世から持ち越した学びは何でしょうか？
これらのパターンは、自分自身との関係についての学びも示しています。

誰かに対してすばらしい愛情を感じるか、それとも、とてつもない嫌悪を感じるかは、その結びつきにおける重要なメッセージです。

それが伝えているのは、自分のために立ち上がることだったり、真実を話すことかもしれません。また、自分の持つ真の力で生きることや、もう被害者にならないことかもしれません。

あなたには、今世で自分の力を取り戻し、成長して自分の真の目的を理解する、という選択肢があります。この場所や時代において、現在の人間関係で自分の真実を見出すことが、今後のいくつもの人生を大きく変えるでしょう。

6章　感情の持つパワー

「私たちは、心理的な問題や感情的な性質すべてを、自分の個性として持ち帰るのでしょうか？」とよく尋ねられますが、それに関連する質問は、「個人的な問題はすでにたくさんあるのに、どうして魂は古い問題を持ち出すのですか？」です。

二番目の質問への答えは、「もし、まだ終わっていない仕事や誤った信念などがあれば、それに取り組まねばならないから」です。それは、自分や他人への深い思いやりを持ち、より高い次元の真実や平和へと上昇する必要がある、ということです。

こういった理由から、一番目の質問への答えは、「イエス」です。感情的な問題を抱えていれば、それが解決するまで、私たちはずっと繰り越していくでしょう。

でも、その未解決の問題は、まったく異なった形で現れるかもしれません。カルマのコードは、役割を逆転させる場合があります。ある人生で、ある人が子どもを虐待すれば、その人は次の人生で、虐待される子どもになるかもしれないのです。

この二つはまったく違う問題に思えるかもしれませんが、実はそうではありません。両方とも、学びは真の力に関するものです。親と子はいずれも、自分の持つ真の力に気づき、それによって生きる方法を学ぶ必要があるのです。

この種のカルマのパターンをもっと詳しく調べてみましょう。今日、実に多くの人が人間関係の問題で悩んでいるからです。

暴力的な人の場合、他人を従わせることで不正に力を求めようとします。でも、彼のカルマの指令は、礼儀正しくし、愛情を持って、真の力で生きる方法を学ぶことであり、強がりを手放し、尊敬の念で自分を表現するよう学ぶことなのです。彼の魂は、他人を平等に、そして、思いやりに値する人として見ることを求めています。魂にとって真の力とは、内部からやってくるもので、そのために他人を従わせる必要はありません。

消極的な人の場合、カルマの指令は、自分の真の力を回復することです。これは、虐待を受けている子ども時代には難しいことですが、この問題を最終的に解決するには、どこかの時点で取り組まなければなりません。

人の言いなりになってしまう人にとっての学びは、自分が尊敬に値することを知ることです。つまり、どんなに間違った情報を与えられても、強い存在でいることです。自己主張したり、行動を起こすことを学んで、真の力の意味を突き止めなければなりません。魂の真実に目覚めることで、自分は優先されるに値する人間なんだ、ということを学ばなければなりません。自分を尊敬し、他人にも自分を尊敬するよう主張するのです。

このような学びは難しいものでしょう。

つねに尊大な人は、その態度が自分の真の力の源泉だと考えていることがあります。受け身的すぎる人は、あまりにも深く恐れや服従がコード化され、自分が本当は強いということを知らず、それを表現する方法もわかりません。

でも、この歪んだ考えを進んで手放すまで、魂はバランスを取り戻すことはできないでしょう。いくつもの人生で同じ役割を繰り返したり、もしくは、立場を交換したりするかもしれません。魂が真の力について学ぶまで、この学びは現れ続けるでしょう。

カルマにおいて親子関係が非常に重要なのは、こういう理由からです。第一に、この人生における精神的あるいは感情的パターンの基礎となり、さらに大人になってからの人間関係の枠組みを提供するのです。

たとえば、もし、親から拒絶されたり、見捨てられたりすれば、私たちはそれを今後の人間関係に投影します。

「両親と似たような人と結婚する」という表現を聞いたことがありませんか？　これは実のところ、本当のことです。なぜなら、私たちは、両親との間に起こった未解決の問題を解決しようとしているからです。

父母から愛情や承認をもらえなければ、両親と同じように冷淡な人に惹きつけられます。それは、子ども時代に与えられなかったものを埋め合わせる試みなのです。

この関係を通して愛や承認を得ようとする努力は、残念ながら失敗に終わるでしょう。なぜなら、両親と同じように愛情をくれない人を、いつも選んでしまうからです。こうして、カルマの問題は子ども時代に繰り返されるだけでなく、大人になっても続いていくのです。少なくとも、自分を愛し敬う、という魂の意図に注意を向けるまでは。

心の問題に取り組んで人生を変える

私たちは心理的気質の大半を母親や父親から引き継いでいますが、両親との結びつきと感情的な問題の両方が、過去世での経験に由来する可能性があります。残念なことですが、自分に見切りをつける理由に過去世を持ち出す人たちもいます。彼らは、カルマだから何もできないと考えていますが、実はその反対です。自分の心と折り合いをつけることが、現在のパワーと過去世の癒しを手に入れる一番のカギなのです。

今、私たちが意識している感情的・行動的問題を克服することで、人生のパターンを変える力を持てるのです。心の平和、自分への愛、真の力を獲得する、という決意は、コード化された意識を変えるのに大いに役立つでしょう。

それでは、どんな種類のカルマの結びつきが感情的パターンとして現れるのか、一番問題となるものを見ていきましょう。

気分、感情、人格的パターン

かつてシェリーという女性が、慢性的な軽度の不安症で私のところにやってきました。症状としては、筋肉の緊張、頭痛、動悸、感情の乱れなどがありました。いずれの症状も、彼女が大きなパーティを開くとか、夫の仕事仲間を家に招くとか、家族休暇を計画するといったことに必死に取り組んでいる時に重症化するのです。

シェリーの生育歴を調べていくうちに、母親が彼女に、いつも高い水準を求めていたとわかりました。学校での成績がよく、思いやりを持ち、きちんとした服装でいるように望んだのです。簡単に言えば、シェリーの母親はものすごい完璧主義者でした。そして、彼女もまた、母親の生き写しのようになっていました。

シェリーは、母親の承認を得る唯一の方法は、あらゆる点で完璧であり、他人の期待に応えるように行動することだと信じて成長しました。不幸なことに、完璧主義者でいることはストレスに満ちています。よく見せたい、正しいことを言いたい、良き妻や母親でありたい、という潜在意識内の願望が、慢性的な不安症を招いていました。

彼女のセラピーには、大切な3つの段階がありました。

第一段階では、問題とその原因（母親）の両方について自分の感情を表現する必要がありました。彼女は、完璧主義が生み出す恐れの感情を表明しなければなりませんでした。それとともに、自分が受け入れられていない不安や、母親から優しくしてもらえない悲しみを表現することが必要だったのです。

シェリーは、日記の中で、彼女の本当の価値を誤って伝え、無条件の愛をくれなかった母への怒りを表現しました。この実践は、非難を目的としたものではなく、怒りを表明するだけのもので、そうすることによりシェリーは、自分の感情的パターンやそのエネルギーから脱することができたのです。

第二段階は、母親が彼女に教え込んだ間違った信念を明らかにし、もう一度つくり直すことでした。シェリーは、承認を得るには完璧でないといけない、という考えから解放されて、この誤った信念を支えるために自己に課した要求を手放さなければなりませんでした。自分の家や車や外見が完璧である必要はなく、出会う人全員に好印象を与える必要もないのです。これらのことが、シェリーにまったく新しい信念を与えました。

彼女は、自分はありのままで価値があり、申し分がないと思う必要がありました。シェリーは、自分の完璧主義を変えようと懸命に努力しました。自分の感情に責任を持ち、意識の転換をはかったのです。かなりの努力が必要でしたが、彼女は初めて自由になった気がしました。すると、慢性的な不安症の徴候がすっかり消えてしまったのです。とうとう自由で、安らかな感じを手に入れました。ただし、一つの分野をのぞいては……。

シェリーははるかに快適になりましたが、仕事では完璧主義を手放せず、まだ以前と同じ業績主義の人間だったのです。このような最後の抵抗に対処するため、セラピーの第三段階として、過去世への退行催眠をしてみることにしました。そこで発見したものは、とても興味深いものでした。

前世において、シェリーの母親は、要求の多い学校長でした。その学校でシェリーは教師をしていて、校長の完璧主義の矢面に立っていたのです。いつでもあらゆる面から批判され、それは外見や教室の掃除、教師としての指導力や学生の行動にまで及びました。

今世の母親からの洗脳は手放せても、仕事に関してコード化された恐れや要求がいまだにあるのは明らかでした。退行催眠のあとで、彼女は仕事に関する信念を再構築しようとしました。つまり、深くコード化された完璧主義を葬るために、それを手放して書き換えたのです。

このように、今世と過去世の両方のエネルギーが影響している、という理解が重要です。うつ傾向の人は、若い時に感情的なダメージを受けたことがあるのかもしれませんが、過去世からの無力感を引きずっている可能性もあるでしょう。自尊心が低い人は、原因が批判に満ちた過去世にあるのかもしれませんが、今世でのしつけの影響もありそうです。過去世の影響、今世でのしつけ、そして現在進行中の感情的な問題には明確なつながりがあるのです。

自分の魂から真実ではないものを取り去るのが、あなたの魂の意図です。無力さや価値がないという思いは、現在で除去されなければ、次の人生に持ち越されるでしょう。

あなたはどんな気分になりがちですか？
それは、あなたがいまだ影響を受けている過去世のしつけや信念を表していませんか？
幸福感や自尊心を高めるために、有害な信念や間違った過去の結果を、どのように変えられますか？

あなたの思考や気分が表している過去世の経験について瞑想しましょう。

いつも自分自身を信じ、自分の力を信じ、自分の無限の価値を信じる、という意図を持ちましょう。

これは、あなたの魂の、永遠不変の真実です。

依存症

感情のパターンと同じように、依存症は、過去世と今世にその原因があります。さらに、アルコール依存症のようなものには、遺伝的要因も含まれます。アルコール依存症患者の子どもも依存症になる確率が高く、潜在的な原因の重層構造は、この問題がカルマと深くつながっていることを示しています。

かつて、アルコール依存症で、毎日ワインを一本あけるクライアントがいました。彼女は、依存症克服プログラムにも参加しましたが、途中で断念してしまいました。

過去世へ戻ってみると、彼女はワイナリーを所有していて、アルコール依存症はその時代から始まっていたことがわかったのです。

私たちは書き換えを行い、完全禁酒ではなく、ワインだけを断つように決めました。この選択的な禁酒は誰にでも適用できるものではありませんが、彼女の場合は、月にマティーニ一、二杯だけとなり、カルマのコードを上手に変えられました。

アルコールと同じように、食べ物や薬、煙草などの依存症も私たちのエーテル体の記憶にコード化されます。今世でそのパターンを変えようとしなければ、これからの人生に繰り返し現れてくるでしょう。


自分の持つ依存症について考えてみましょう。

食べ物や煙草や薬など、大量にとりすぎているものはありませんか?

どんな物の乱用も、あなたの意識の中にコード化されます。

依存症は現実逃避によるものかもしれません。

どんな苦しい思い出や、感情的なトラウマから逃れようとしているのですか?

買い物、仕事、インターネット、ビデオ、コンピューターゲーム、ギャンブル、セックスのような依存行動も存在します。あなたはそんな行動をとっていませんか?

もしそうなら、これらの習慣は、どんな学びをあなたにもたらしているのでしょうか?

依存症の原因を過去世で見つけて、それを癒すために退行催眠や書き換えを行ってください。あなたの魂は、本当の自分を理解したいと切望しており、こういった問題に取り組むことが、そのための第一歩です。

恐れ、恐怖症、強迫観念

心理カウンセラーとして仕事をしていた時、私は、トラウマが原因となった恐怖症の例を数多く見てきました。

それは、心身を蝕むような恐怖感で、たいてい特定の個人的経験で始まります。たとえば、若い頃に、祖母が心臓発作で亡くなるのを目撃し、その後、自分の心臓について異常なほど心配するようになったクライアントがいました。これ以外にも、多くの例で子ども時代の経験と大人になってからの過剰な不安や恐怖症の間には、相関関係が見出せます。ただし、今世の生育歴にほとんど関係がないか、まったく関係がないように思える恐怖症の例も無数に存在します。この場合、さらに過去へとさかのぼることが有効です。

実際、驚くほど多くの恐れや恐怖の原因が過去世の経験にありました。死や深刻な怪我が関係するような場合はなおさらです。過去世での火事、溺死、落下による死は、今世に特定の恐怖症をもたらすことが多いのです。

過去世で溺死したクライアントがいました。彼女は今世で、喘息や呼吸器の問題に苦しんでいただけでなく、ひどく水を恐れていました。その症状はひどく、お風呂に10センチ水を入れただけで、喘息の発作が起こりました。

不安からくる強迫神経症は、コントロールを失う恐怖と関係しています。この症状を持つ人々は、ほかのことで気をまぎらせて、この恐怖感を軽くしようと努力します。つまり、手を洗ったり、数を数えたり、といった別の依存的行動に走るのです。

かつて潔癖症を治すためにやってきたクライアントがいました。彼女は、働くことはもちろん、家から出ることもできず、掃除ばかりしていたのです。何度も皿を洗い、汚れ一つない絨毯にさらに掃除機をかけ、家具からほこりを払い続けていました。

退行催眠を行うと、過去世の彼女は、幼くして奉公に出され、物置小屋の藁の上で寝ていました。彼女の仕事は、気まぐれな銀細工師のもとで、大きなショールームにあるすべてのものを磨くことでした。その銀細工師は、ほこりや指紋の有無を厳しくチェックし、不都合があれば、ひどいお仕置きをして、食事も自由時間も与えなかったのです。

自分の症状の原因がわかっただけで、彼女はリラックスできるようになりました。その人生を書き換えた時、彼女はこれまでの潔癖症からようやく自由になれました。

あなたには、何か破壊的な行動パターンがありますか？
日常生活に影響を及ぼしている恐れや依存症はありませんか？
それが、自分の過去世について何かを教えていると思いませんか？
それらの問題には、どんな学びがありますか？
どうすれば、それを癒せるでしょうか？
瞑想して、次のように尋ねましょう。
「私の魂は、どうしてほしいと望んでいますか？」
このような場合の答えは、たいてい、「すぐに手放し、信頼すること」です。

過去世を調べることは、心理的な問題の多くに取り組む助けとなるでしょう。けれど、深刻かつ進行中の症状については、もっと広い総合的な観点から調べる必要があるかもしれません。自殺願望があったり、そううつ的だったり、自分や他人を傷つけかねない行動があるなら、医学的な治療のほうが適当でしょう。

医学的な治療と代替療法の両方に、心を開いてください。心理的あるいは感情的問題の原因のすべてが、過去世にあるわけではありません。大勢の前で話すのが怖いというのはよく聞きますが、それはごく普通の不安です。文化や環境に基づいた問題もあります。その問題が何であれ、もし、あなたの安らぎの邪魔をしているなら、取り組まなければなりません。

問題にかかわるあらゆる要因を探求してみましょう。

ただし、あなたの魂は、自分について知るための道を歩んでいると覚えておいてください。あなたという存在の多くの側面でバランスをとるために、意識的に生き、永遠不滅であるあなたの愛と真のパワーを目覚めさせることがとても大切なのです。

7章　カルマを生むもの

魂には、壮大な欲求があります。あなたは自分の持つ動機のすべてに気づいていないかもしれませんが、それは抵抗できない力で、人生を前に進むように駆り立てています。たとえ自分の学びやチャンスに抵抗しようとしても、それは繰り返し現れ続けるでしょう。ですから、自分の経験の裏にどんな意味が潜んでいるかを発見することが重要なのです。

私たちが生まれ変わる6つの理由

あなたはどうして現在の仕事を選びましたか？　学校でどのように授業科目を選びまし

たか？　自分が興味を持ったり、学びたいと思った何かがあったに違いありません。

魂にも同じ傾向があります。あなたが経験している学びを選んだのには理由があるのです。

魂は多くの欲求によって動かされています。それが楽しいものでも、冒険的なものでも、困難なものでも、それらはあなたの永遠の人生計画の中に存在するものなのです。

次に、私たちが生まれ変わる動機を紹介しましょう。これらは、魂が生まれ変わる6つの理由で、その中には、あなたのカルマの原因が含まれています。

❶欲求

欲求は人生の一部であり、人間の意識の基本的要因です。そして、魂の指令における重要な要因でもあります。

あなたの魂には、輪廻転生の道を歩み始める前に、いくつかの欲求がありました。それは、魂が成長するためにいくつもの人生を歩むにつれて変化していきます。つまり、その欲求が満たされたり、あるいはもっと切実なものとなって、より深くコード化されるのです。

では、私たちをこの世に戻らせる要因を紹介しましょう。

●あなたの魂は経験を望んでいます。
人生の鮮やかな色を目にし、春の花の香りや秋風を感じ、シンフォニーや川のさざ波に耳を傾け、手に触れ、味わい、キスし、感じたいのです。
●あなたの魂は自分を表現したいのです。
真実を話し、新しいアイディアを聞いてもらい、喜びに満ちた新発見や美しい演出にワクワクし、歌い、絵を描き、創造したいのです。
●あなたの魂は学ぶことを望んでいます。
あらゆるレベルで物事を感じて理解したいのです。感情を表現し、観察し、「どうやったのか、なぜなのか、その他に何があるのか」を知りたいのです。
●あなたの魂は成長を望んでいます。
習慣を手放し、パターンを乗り越え、深いレベルで成功し、拡大し、達成したいのです。
●あなたの魂はつながりを望んでいます。
分かち合い、かかわり合い、調和の中で生き、助け、奉仕し、愛し、愛されたいのです。
●あなたの魂は到達したいのです。
自らの永遠の本質に再び目覚め、永遠の真実の中で生き、神の意識の安らぎの中でくつろぎたいのです。物質的な体にいるかどうかは関係ありません。

これらの欲求のすべてが、魂の生まれ変わる重要な理由です。それが、どんな経験にも、基本的な意味とより深い動機を与えます。

愛の表現や、つながりや、思いやりのような高次の欲求とかかわっているほど、ポジティブなエネルギーや波動が、カルマの中にコード化されていきます。一方、エゴや恐れや執着に関連する低次の欲求がとても強くなった場合には、さまざまな困難がコード化されます。

欲求そのものは悪いものではありません。科学における偉大な進歩は、知識への欲求によって可能になりました。すばらしい芸術や音楽は、創造や表現への欲求によって生み出されてきました。それが友人や恋人であろうと、大切な人間関係のすべては、愛情や友情への欲求によって結ばれています。そして、個人的なものから博愛的なものまで、あらゆる親切な行為は、個人的な欲求を超えた強い思いやりの気持ちに突き動かされています。

このような目的への欲求は、重要で永遠の真の喜びを生じさせます。けれど、恐怖、執着、エゴのような要因が入り込むと、カルマは異なる性質を帯びてきます。

たとえば、愛情深い関係を求めるのは当然のことです。でも、一人でいるのが怖かったり、安全を感じたいがために、一心不乱に愛を求めるようになると、恐れを引き寄せ、それがカルマのコードの一部になるでしょう。これは考慮すべき問題です。というのは、執着心の強さが、私たちの望むものを遠ざけてしまうからです。

執着のない欲求とは、依存しない程度の楽しみ、恐れのない追求、エゴのためではない偉業からなります。このような純粋な欲求が、魂を自由にして、心の安らぎを生み出すのです。けれど、自分の夢に不健全な意味を加えれば、償い、報いのようなカルマの道を繰り返し歩むことになるでしょう。

❷成長と学び

魂は、たくさんの異なる道を通り、節目となるいろいろな出来事を経験しながら成長します。学生時代に多くの学びを経験するように、魂は、成長できる無限のチャンスに出会います。

これが永遠に続いていきます。私たちは経験を続け、前進を続け、新しいレベルの理解に到達して、他人を助け続けるのです。よりレベルの高い学びへ進むにつれて、人生を違う観点から見ることができるでしょう。つまり、業績や所有物で自分を評価するのではなく、魂の観点から永遠の価値によって自分を評価するようになるのです。

そうすれば、経験している困難にも違う見方ができるでしょう。無力な被害者ではなく、賢明な観察者になるのです。

魂は、苦しみそのものを目的としているのではないことを忘れないでください。

苦しみの中にはいつでも学びが存在します。それは、私たちへの贈り物で、はるかにすばらしいものに変化するためのものなのです。

深い悲しみの中にさえ、贈り物があります。

苦しみや孤独は、私たちの内側をのぞかせ、より深く入っていくようにさせてくれるのです。このチャンスに多くの人が気づいていないかもしれませんが、その感情を進んで経験し、悲しみを感じて表現し、そこから正しい学びができれば、大きく前進できるでしょう。

一つの問題に、多くの学びが含まれていることもあります。そのような例として、カレンの話を紹介しましょう。

彼女は、自分の恋愛がうまくいかない理由を見つけるためにやってきました。デートをしたことはありますが、真剣な付き合いが長続きしたことは一度もありませんでした。

今世における彼女の生育歴を調べてみると、父親は一家の大黒柱としては立派でしたが、冷淡で、決して心を通わせられないような人だったのです。両親に虐待癖がある場合に多いのですが、カレンに必要な学びは、自分を愛することでした。カレンは、父親の愛情を求めながら成長し、それなしでは自分には価値がないように感じていました。彼女は、この誤った考えを手放し、自分の本当の価値、つまり、自分への愛を取り戻す必要があったのです。カレンの魂は、自らのすばらしい真実を生きたいと望んでいました。彼女は、父親の目の色をうかがって自分を評価するのをやめた時、はるかに大きな安らぎと自己受容の感覚へと到達できたのです。

このような今世での問題に対処するだけでなく、自分を愛するための障害を取り除くために退行催眠を行いました。その結果、カレンは、現在の父親が過去世での夫だったことを発見したのです。これは、同じ関係性が戻ってくるパターンでした。過去世での父は裕福な商人でしたが、今世と同じく冷淡で、彼女とは人生後半で結婚しました。

その過去世でカレンは、結婚できないのでは、と心配しながら若い時代を過ごしました。10代後半から、すでに結婚や婚約をした女友達からのさげすむようなまなざしに苦しんだのです。妻を亡くした金持ちの男性から結婚を申し込まれた時、やっと救われた気がし、結婚式での彼女はとても幸せでした。そして、彼女は自分の価値と自己認識を、結婚とそれがもたらす財政的安定へと結びつけました。夫がいることがとても重要だと思ったので、彼の冷淡さや横柄さも見て見ぬふりをしました。

結局、彼女の結婚生活は不幸でしたが、結婚によって得られる世間からの承認と、物質的な豊かさだけに執着し続けました。今世で彼女は独身であることを非難されましたが、皮肉にも過去世では、彼女のほうが未婚者を批判し、卑しめていたのです。

カレンは過去世で、自分が絶望的に結婚を望み、それに執着し、さらに、独身女性を批判したことが、今世での恋愛に障害を生み出すカルマになっていたとわかりました。

彼女は、カルマの書き換えを行いました。独身でも、自信があり、価値があると感じている自分をビジュアライズしたのです。さらに、周囲の独身女性たちに自分が思いやりを持っている様子を思い描き、彼女たちへの批判を手放しました。カレンは、今世の子ども時代のカルマも書き直し、彼女が自分自身の愛に満ちた親になると決心したのです。父親から拒絶された感情を表現し、彼から愛情や承認を得ようとする努力を手放しました。

おそらく一番大変だったのは、恋人がほしくてたまらない気持ちから解放されることだったでしょう。けれど、カレンは自分の幸せの責任をとる選択をしたのです。そして、現在、女性が独身であることを恥じる必要のない社会に生きていることを喜びました。恋人がほしいという切羽詰まった気持ちを手放したことで自由になり、これまで恋人に求めていた愛や承認を、自分で与えられるようになったのです。

彼女は心から幸せになり、喜びに満ちた波動を周囲に放ち始めました。それは、彼女にはまったく新しい感覚でした。

この例は、とても重要です。というのは、まさに人生の複雑さを表しているからです。カレンは、引き寄せの法則に関する本を何冊も読んでいました。自分が愛を引き寄せているのを思い描き、頭の中で、自分にはその価値があると信じましたが、結果は出ませんでした。それは、自分の意識の中に潜むコード化された恐怖感や絶望感を理解していなかったからです。

❸繰り返し

魂の意図は、何度も繰り返して現れます。心から愛し合う関係や、すばらしい才能や楽しい趣味のように、満足感を得られる経験を繰り返したいのは当然でしょう。けれど、そういった繰り返しは、良いものだけに限りません。

私たちは、ネガティブな影響やつらい状況にも平等に引き寄せられます。そして、非常に強いつながりが形成されると、激しい感情が生まれます。このようにして、それが健全なものか否かにかかわらず、習慣のとりこになればなるほど、私たちの意識により深くコード化され、その経験を繰り返すために戻ってくるようになるのです。

では、このようなパターンをいくつか見てみましょう。

●楽しい経験

すばらしい感覚の経験は、喜びとともにコード化され、繰り返し呼び戻されます。夕暮れの美しさや果物の味わいなどの単純な喜びを感じようとしないなら、魂の大切な目的の一つに敬意を示さないことになるでしょう。魂は、これらの小さなエピソードが、人生のすばらしい瞬間を表すことを知ってほしいのです。

●依存症

うわべだけの楽しみが習慣化してしまい、人生の方向を決めてしまうことがあります。依存対象がセックスだろうが、薬物だろうが、食べ物だろうが、馴染みがあるものへの欲求や問題からの逃避欲求は、抑えがたいものです。この習慣はコード化され、未来にまでついてくるでしょう。私たちの大切な仕事の一つは、このようなパターンから自由になり、聖なるアイデンティティの安らぎや強さで自分を定義し直すことです。

自らの依存症がスピリチュアルなつながりを邪魔していて、間違った選択をさせていると気づくまで、さまざまなやり方で繰り返すことになるでしょう。

ここでの学びは、その対象である物質を手放して、源へと戻ることです。

●人格パターン

過去世と同じような人格で戻ってくることもよくあります。

たとえば、今世で控えめでいるように教育されたら、これが、過去世で慣れ親しんだ状態であった可能性があります。あなたが自分のために立ち上がることを学ぶまで、このパターンは繰り返されるでしょう。現在、世話好きな傾向があるなら、過去世でもそうだったかもしれません。このような自分のパターンが魂の道と一致しないなら、そこから抜け出すことが大切です。

●人間関係

もう一度、すばらしい人生の旅を一緒にしたいという欲求から、同じ人たちと戻ってくることがよくあります。

情熱、援助、愛、優しさを再び経験したいと思うのは当然のことでしょう。でも、私たちは、不快で、不健全で、虐待的な人間関係も繰り返す傾向があります。

このようなタイプの繰り返しは、その人たちをよく知っていることからも生じますが、そのつながりがもたらすものを学びたいという魂の欲求も存在します。私たちが屈辱的状況にとどまっている理由が、恐怖感や過去の義務感からだとしても、強く教え込まれた習慣からだとしても、その真の動機を調べることが自分に課せられた義務なのです。

魂の最終ゴールは、真実、自分への愛、十分な尊敬の念を得ることです。どんな古いパターンが邪魔していても、執着を手放し、真の自己とより高次の関係を達成することができるでしょう。カルマというのは、それを手放すという学びのために存在しています。

私が初めて退行催眠をした時に、自分の喘息や呼吸器系の問題の原因が、幼い少年の肺炎による死だとわかったという話を思い出してください。その時には気づきませんでしたが、この過去の経験が現在の人生に影響していたのは、そのつながりだけではなかったのです。

20年ほど前、私たち夫婦は、養子を迎えようとしていました。受け入れ家庭の見つかりにくい年長の子を探すために、夫とともに外国の施設をいくつも調べながら、同時に二人の子を養子にしようと決めました。そうすれば、つらい変化を子どもたちが互いに助け合えると考えたのです。

何年も調べて、私たちはロシアのサンクトペテルブルクの施設を見つけました。そこで、数えきれないほどの写真やビデオを見て、とうとう一人の女の子を見つけたのです。彼女には兄弟も姉妹もいなかったので、同じ施設内の男の子も探しました。

ビデオを見ていて、セルゲイという8歳の少年が現れた時、私はすぐにピンと来たのです。ずっと会いたかったような強いつながりを感じました。過去3年間にわたり、何千枚もの写真を見ましたが、そのように感じたことは一度もありませんでした。さっそく私は、すでに選んだ娘のヴィカと一緒に、セルゲイも養子に迎える手続きを始めました。

私たちには強いつながりがあり、セルゲイを養子に迎えるのが正しい選択だと確信しました。過去世をともに生きたとわかっていましたが、肺炎で亡くなった小さな少年だとは、すぐには気づきませんでした。けれど、二人の隠れたつながりについて瞑想してみた時、ただちにその経験が心に浮かんだのです。セルゲイが、あの少年であるのは明らかでした。

彼は、過去世で亡くなったのと同じ年齢で、再び私のところへやってきました。私は、「あの時、彼から奪われた人生を彼に与えよう。そうすれば私たちのカルマは解消される」と思いました。

再び愛に満ちたつながりを持てることがうれしくてなりませんでした。

そう確信し、セルゲイは私の運命の一部だと、いっそう強く信じたのです。大切な決断をする時にはいつもすることですが、私は瞑想を続け、スピリットの導きを求めました。

やがて、瞑想中に不快感に襲われたので、それは何を意味するのかを尋ねました。スピリットから受け取った答えにとてもがっかりしましたが、それは明確なものでした。

『この最愛の子は、あなたが世話をして死んだかもしれませんが、この関係を手放す時です。あなたがこれまで抱えてきた罪悪感や義務感も一緒に手放してください』

このようなはっきりした導きを受け取って驚きましたが、それでもこの真実を聞きたくないと抵抗しました。けれど、数日たって、これが宇宙が告げていることだと、もはや否定できないような出来事が起こったのです。

ロシアの養子あっせん業者が連絡をよこし、実はセルゲイに関する大切な情報があると言いました。施設のソーシャルワーカーが、セルゲイはひとりっ子として迎えられる家庭のほうがいいと言ったそうなのです。というのも、セルゲイには最近、問題行動が見られ、施設の女の子たちをいじめていたからです。

私は瞑想中に受け取ったメッセージについて再び考え、セルゲイを手放さなければならないと知りました。過去世で何が起こったとしても、その罪悪感にしがみつくべきではなかったのです。

私は、義務感と自責の念とともに、その少年を手放さなければなりませんでした。なぜか、その選択がセルゲイにとっても必要なものだとわかりました。私たちが本当に必要としているのは、そのカルマを断ち切ることだったのです。

養子あっせん業者は、別の少年を推薦してくれました。それは、年長グループのイエンヤという少年で、彼が私たちの息子になったのです。

イエンヤは、わが家に優しさとウィットと遊びの精神を与えてくれました。今では、彼以外が息子になることなど想像もつかないくらいです。

養子に迎えた時、二人はすでに11歳と12歳でしたが、私と夫の運命が、この子たちと深くつながっていたのは疑いの余地もありません。セルゲイを手放し、二人を迎えたことは、私たちの魂の成長にとってとても重要なことでした。


カルマの繰り返しは、よく知っている、という感覚によって引き起こされます。必ずしも、自分でそれに気づいたり、理解したりしていなくとも、です。けれど、私たちは、親しみのある状況ではなく、高潔さを学べる状況を選択する力を持っています。

魂の永遠の計画においては、どんな出会いや別れにも真の目的が存在するのです。

❹償い

ある人生の極端な経験のせいで、別の人生でも過剰な反応が引き起こされた場合には、償いのカルマが存在します。

この場合、過去世とはまったく逆の状況への強い欲求が、今世で正反対の経験を生み出してしまいます。

償いのカルマが起こる一般的な理由を見てみましょう。

●依存症

現在の依存症は繰り返しのパターンによるものかもしれませんが、償いのエネルギーから起きているかもしれません。

肥満の悩みを抱えた人が、過去世で食べ物が十分になかったというのは珍しいことではありません。過去世で経験した空腹感がコード化されたために、現世でも満腹感を得られないのです。

けれど、依存症にかかわる感情的なエネルギーにも注意してください。食事の時に、いつも罪悪感を抱いていれば、その強力な感情が、未来の人生でも食べ物を遠ざける意志をコード化してしまい、あなたは空腹や飢えの状態へと戻ってしまうでしょう。ですから、現在にどんな強迫的な欲求があろうと、その原因が償いや繰り返しのせいであろうと、それに注意を向けて、手放すことが必要なのです。強い執着や抵抗はどちらも、真の自分を知ることで癒されるでしょう。

●切望

思慕は、償いのカルマの主たるものです。長期間にわたる不幸、あるいは不愉快な経験があれば、それと反対の状況への欲求が定着します。絶え間ない願いがコード化され、次の人生で予期せぬ状況を創造するでしょう。

深刻な広場恐怖症で、数年間家から出られなかった女性が、私のところへやってきました。彼女は一人で出かけようとするたびにパニック発作に襲われていたのです。

私は、従来のセラピーに加えて、隠れた深い原因を見つけるため、退行催眠を行ってみました。その結果、彼女は過去世で旅回りの営業マンだったとわかりました。いつも下宿屋や古いホテルに滞在しながら、家族と一緒にいたいと願っている自分の姿が見えたのです。新たな旅に出発する前、必ず家族に、「家で一緒いられたら」と言っていました。

彼女は、過去世で営業マンになった年齢で、広場恐怖症を発症しました。「家にいたい」という願いが、あまりにも長い間、感情的影響を与えていたので、家から出られなくなるような状況をつくり出してしまったのです。

この場合、「自分の願いに注意しなさい。さもなければそれを手に入れてしまうから」という言い回しがぴったり当てはまるでしょう。それは、今世で現れなかったり、あなたが望むような方法では起こらないかもしれませんが、いつか必ず起こるのです。

●極端なアンバランスの修正

依存症はこのカテゴリーに入るかもしれませんが、このカルマを引き起こすアンバランスはほかにもたくさん見られます。

たとえば、過去世でまったく働かず、使用人にかしずかれる人生を送ったとしましょう。あなたが他人のことをまったく考慮しないでいたなら、次は使用人となる人生を送るかもしれません。このような場合、償いはその経験の結果ではなく、あなたがとる態度からやってきます。冷淡あるいは無知でいることが、償いの人生へと導くかもしれません。そして、敵意と批判が、次のカルマのパターンである報いの人生へと導くでしょう。

❺報い

報いとは、あなたの外に出したエネルギーが戻ってくることです。それはいつも、あなたが過去世で他人にどう接したのかと関係しています。自分の振る舞いによって相手がどう感じたかを知ることが魂の目的なのです。

報いは罰ではありません。たいていそう定義されますが、宇宙は過去のよからぬ行いの仕返しをするようなことはありません。むしろ、あなたはエネルギーによって先払いをしているのです。言いかえれば、現在、あなたが他人をどのように見て接しているかが、未来の人生で、あなたが他人からされることなのです。

永遠の命の中で、このエネルギーの力はよく、役割の逆転として現れます。二人の人が、そのサイクルが壊れるまで、強い感情を伴った扱いを相手にしたり、されたりするのです。たいていは親子関係や夫婦関係として現れますが、この行ったり来たりするパターンは、同じ感情的なコードを持つ二人の間で起こります。

あなたに独裁的で横柄な上司がいるなら、過去世では彼を支配する立場にあり、同じような処遇を与えていた可能性があります。この関係は、互いに役割を変えながら、いくつもの生涯にわたって現れます。そして、拒絶や怒りが積み重なり、いっそう深くコード化されていくのです。

少なくとも一人がこの感情を手放し、真のパワーの道を選択した時、このパターンは終わりを迎えます。これに勝ち負けはありません。魂の観点から言えば、私たちが出会うどんな関係にも、賢明な態度をとれるかどうかにつきるのです。

報いのパターンをさらに詳しく見てみましょう。

●親子関係

これは、すべてのつながりの中でもっとも神聖なものです。この関係において、個人の心理状態と自尊心が形づくられます。

子どもは空っぽの器で、愛を切望しており、自分に与えられるいかなる扱いも受け取る準備ができています。もし、親が批判的で、冷淡で、虐待傾向があるなら、あなたは過去世で、親として子どもに同じようなエネルギーを送った可能性もあるでしょう。今世で虐待を受けると、憤りや復讐の欲求に満たされ、同じ経験を味わわせたいという意志をコード化します。けれど、そのコードやそこにある感情にしがみつく必要はありません。あなたが苦しんでいるなら、学びは明らかです。あなたには愛される価値があり、自分自身を愛し、認め、評価してよいのです。あなた自身が自分の愛情深い親になって、昔の感情を表現し、その拒絶感を手放しましょう。

●恋愛関係

結婚と恋愛では、同じような役割の逆転を経験しがちです。愛がかかわるところでは、感情が支配し、あなたの意志が深くコード化されるからです。愛情への欲求が繰り返しを招くように、拒絶や怒りは報いを引き起こします。

ジュリーは、現在の夫と過去世でかかわりがあったかどうかを知るためにやってきましたが、彼らはいつも主導権争いばかりしていました。二人とも、自分の考えを主張するばかりで、人の話を聞こうともしなかったのです。ジュリーは幸せは得られないと十分知りながらも、結婚生活に終止符を打てずにいました。

私たちは何度か退行催眠をして、役に立つ情報を受け取りました。彼らが一緒に過ごした一番最近の過去世では、ジュリーのほうが夫でした。心が卑しく、家では、妻にいつも黙っているよう指示していました。その過去世の前は、夫が彼女の夫でした。働き者の農夫で、ジュリーにも一生懸命働くように要求しました。ほかにも似たような過去世があり、このカップルは、自分が主導権を握るために一緒に生まれ変わり、何度も主導権争いを繰り返していたのです。それは不幸かつ不健全な関係でしたが、二人とも、決着がつくまで一緒にいなければならない、という罠に巻き込まれていました。

けれど、人生は勝ち負けではありません。大切なのは気づくことです。どの人生でも、本当の自分を否定するパターンを乗り越えるようなチャンスがやってくるのです。

ジュリーと彼女の夫は同じ問題を抱えていて、お互いが立場を交換しながら、少なくとも一人が宇宙の真実を見つけられるまで、それを続ける運命でした。

報いの関係性で一般的に見られる大切な学びは、思いやりと平等意識です。これは驚くほどシンプルですが、パワーや優越感の欲求に洗脳されやすく、思いやりの気持ちは容易に消え去ってしまいがちです。けれど、今世であなたが、被害者であろうと加害者であろうと、あなたにはそのカルマのパターンを消し去ることができるのです。

相手に仕返ししたい欲求を手放し、前進の準備ができていない人を自由にしてあげ、自分への愛に満ちた新生活を受け入れてください。

●差別、非難　不平等

報いは、個人や集団に対するあなたの態度から起こっているかもしれません。非難、不親切、あからさまな敵意などは、宇宙エネルギーやあなたのカルマに深い傷跡を残します。事実、カルマに関して確かなことが一つあります。自分が非難したことは、自分で経験するということです。

私は、この種のカルマを数えきれないほど見てきました。減量の悩みでやってきたフランに退行催眠を行った時もそうです。

彼女は大人になってからずっと肥満で悩み、多くのダイエット法を試しましたが、望む結果は得られませんでした。退行催眠を行うと、フランは、１９２０年代に若く美しい女性だったとわかりました。ショートヘアで、ビーズのあしらわれた見事なドレスを着ていました。当時、彼女は太った男性からデートに誘われるたびに、好みじゃない、と笑い飛ばし、太った友人たちを非難していました。これを見ながら、フランはこの皮肉な状況を理解したのです。

「やせている人は、私の現状を理解してくれません。ちょうど、私が過去世で太った人の気持ちをまったく理解せず、非難したのと同じです」

退行催眠を経験したことは、３つの点で、フランの助けとなりました。

第一に、彼女は太りすぎに関して、自分を責めるのをやめました。そして、自分に思いやりを持てるようになると、ダイエットが前より簡単になったのです。

第二に、彼女は自分を非難する人たちを許せるようになりました。彼女の体重について何か言われたり、さげすむようなまなざしを向けられたりするたびに、自分もかつてそうだったことを思い出すようにしました。そして、その人たちが自分と同じ経験をしなくてすむように祈ったのです。

第三に、彼女は、判断や非難をするパターンを今世まで持ってきたことを理解し、この学びのためにいろいろな問題にぶつかっていたとわかったのです。

フランはとても賢く、自分より聡明ではない人たちを見下していました。それは、自分が体重のせいで見下されていることへの埋め合わせで、自分の魂がずっと手放したいと願っている精神的パターンだとわかりました。彼女はすべての非難を手放して、体重や仕事や学歴にかかわらず人々を平等に見る、と誓ったのです。

ウィリアムの場合は、大切な学びのために反対の役割で戻ってきました。

ウィリアムはハンサムな黒人男性で、地元メディアではとても人気がありました。彼は、全国番組への進出を邪魔しているものが何かを見極めたい、と相談にきました。

最初のセッションで、彼は自分が繰り返し見ている夢について語りました。それは、1800年代に、自分が白人で大農園の所有者だった夢でした。彼は裕福で、たくさんの奴隷が農園や屋敷で働いていました。これは自分の過去世の夢だと強く感じていたので、私たちはさらに深く調べてみることにしたのです。

退行催眠をすると、彼は、自分が馬に乗って野原をかけ、黒人奴隷たちが一生懸命働いているのを眺めている様子を見ました。鞭で打ちはしなかったものの、とても厳しい主人で、奴隷の苦境にはまったく無関心でした。

次に、奴隷が売買された四角い広場にいる自分を見ました。そこで自分が行った取引が、奴隷家族を引き裂いてしまい、愛する人たちをバラバラにするとわかっていても、まったく気にもとめませんでした。

退行催眠を終えて、ウィリアムは心の底から悲しみ、自分の人生における報いのパターンに気づいたようでした。今世では貧困と偏見の中で育ち、多くの別離にも耐えてきました。彼の父親は家族を見捨て、母親を亡くしてから彼は、他人の家を転々としたのです。大人になってからも、メディアで成功するために引っ越しを繰り返し、家族や友人から離れなければなりませんでした。にもかかわらず、すばらしいポジションの多くは、すべて白人に奪われてしまうのでした。

典型的なケースですが、彼の人生では役割が逆転していました。過去世では農園の主人として権力を持ち、自分が支配する人々から恨まれていました。彼は、今日の職場で自分より勝る候補者たちは、過去世で奴隷だった人たちだろうと確信し、自分の敵意を手放そうと決心したのです。さらに、過去世からいまだ引き継がれている罪悪感について、自らを許さなければなりませんでした。

そして、彼が口にしたことに、私は驚いたのです。彼は、黒人を批判するのをやめなければならない、と言いました。その真意を尋ねると、これまで自分より肌の黒い人を見下す傾向があったと告白しました。けれど今、あらゆる敵意や先入観を手放し、自分を含めあらゆる人を平等だと見ることが自分の学びだと知ったのです。

彼は、別離のエネルギーを手放すために瞑想を始めて、自分の心を調和と結合に開くことに集中しました。その結果、自分はもはや農園の所有者でも、メディアで有名な黒人でもなく、その両方の混ざり合った存在だと感じられるようになりました。

誰もがいくつもの人生を経験しています。私たち全員が何度も、黒人、白人、男性、女性、太った人、やせた人、使用人、主人、賢い人、愚かな人であったのです。その違いのすべてを愛することを学んだ時、一人ひとりの心が見えてきて、他人が私たちに教えてくれることを学べるのです。

外見上の違いにかかわらず、私たちは一つの同じ源に戻るという真の理解に到達しなければなりません。今の人生であなたがどんな人物であろうと、私たちをつないでいるのは神の魂であり、それは私たちが永遠につながっていることを教えているのです。

❻奉仕

奉仕は、魂にとって抑えがたい動機です。それが心から提供される時、もっとも高次の波動が放たれます。純粋な奉仕とは、あなた自身や周囲の人の幸せを望む、本物で何の執着もない強い願望です。

でも、あなたのカルマが、学び、成長するという欲求に基づかない奉仕へと押しやることもあります。

たとえば、尊敬されたい、祝福されたい、という欲求が、他人を助ける潜在的動機となることがしばしばあります。そのような場合、あなたの魂には、愛ではなく、何かが必要だという欲求のエネルギーがコード化されるのです。

あなたのしていることがエゴに動機づけられていれば、たとえ良い行いでも、それはネガティブな波動に染められていて、やがて問題となるコードをつくり上げるでしょう。

さらに、人を助ける行為も、恐怖に基づいたものかもしれません。心からの奉仕と、人から認められたいがゆえの行動を混同しないでください。

承認を得たいという欲求は、拒絶への恐怖感から生まれてきます。この場合、あなたの目的は、「受け入れられるためにしなければならない」という思いに動かされているのです。これは、あなたの魂の真実を歪めたものです。というのは、あなたはありのままで受け入れられる価値があるからです。

では、奉仕の種類と、それが生み出すカルマの原因を見てみましょう。

●過去世の報いによる奉仕

あなたの目的が、過去世の経験への反応であることがあります。

人が苦しんでいるのを見ても助けようとしなかったなら、あなたの魂は、今世でもっと博愛的に奉仕させようとしているのかもしれません。

批判的で無慈悲であったなら、他人を助けるために再び戻ってきたのかもしれません。権利意識が強く、いつも他人を見下していた過去世を経験したなら、今はもっと助けを提供したいという強い欲求に導かれているでしょう。

●特定の個人に対する償いの奉仕

周囲の人と愛や尊敬に満ちたつながりがある時に、他人に心遣いするのは当たり前のことです。でも残念ながら、過去世でそうではなかった場合、今世でそうするような役割を強いられるかもしれません。

ガブリエルの場合がそうでした。

彼女は、兄が交通事故で半身不随になったあと、私のところへやってきました。彼女の母は高齢で、兄は未婚だったので、兄の面倒を見るのは当然ガブリエルの役目となったのです。彼女は食事や着替え、入浴まですべての面倒を見て、自分の仕事より、兄の世話を優先しました。

退行催眠をしてみると、ガブリエルは、自分が兄の母だったと知りました。けれど、その人生で、彼女はあまり母らしいことをしませんでした。自分のことと上流社会に入ることばかりに興味が向いて、子どもの面倒をあまり見なかったのです。彼を無視したり、一人で遊ばせたり、乳母に世話を頼んでいる様子が見えました。ガブリエルはその過去世で、自分が愛情を示さなかったため、かつて息子で、今は兄である魂を助けるチャンスが与えられたのだと理解したのです。

退行催眠によって、ガブリエルには大きな意識の変化がありました。これまでのような怒りを感じずに、兄の世話ができるようになったのです。また、罪悪感から過剰に償おうとするのでもなく、人を雇ってバランスをとりました。兄と一緒に過ごす時間は、重荷ではなく、喜びと愛にあふれたものに感じられるようになりました。

●世界への聖なる奉仕

これは世界へもたらされる無条件の奉仕です。あなたの愛にあふれた時間とエネルギーが拡大して、感謝の大きな波動を生み出すでしょう。

エネルギー的には、私たちはみんなつながっているのです。他人に起こることと、あなたに起こることは、別のものではありません。ですから、他人の人生にバランスや平和や調和を取り戻すように努力すれば、自分自身にも同じものがもたらされます。

純粋な目的で広範囲にわたる奉仕をすることは、魂が生まれ変わる時のもっとも高次な目的の一つです。

他人に喜びを与えてください。そうすれば、あなたは自己陶酔というカルマを逆転させ、自分に喜びをもたらす新しいエネルギーをコード化できるでしょう。

調和の中で生き、真心から奉仕を行ってください。あなたのスピリットが成長するにつれて、奉仕をしたいという気持ちが大きくなるでしょう。

パート3◆過去を手放し、未来を変える

8章　悲劇を壊し、喜びを再構築する――トム・クラッツレー

トム・クラッツレー　(www.tomcratsley.com)
過去のトラウマに対処するための強力な手法であるリストラクチャリング法を生み出した。過去10年にわたり、ニューヨーク州カサデガにあるスピリチュアル・スクールで副責任者をしている。ハーバード神学校で心理学と宗教学を学んだ公認ヒプノセラピストで、すばらしいヒーラーでもある。
この章では惨めな状態を壊し、喜びを再構築する方法について紹介する。

何年も前、私は自分やクライアントに見られる執拗な反応パターンと向かい合い、次のように考えました。

「私たちが思考によって自分の現実を創造しているというのなら、たとえ無意識の中にあるものでも、その心の癖を抹殺することもできるだろう。その癖がどのように現れたのかを見つけ出せばよいだけだ」

多数の手法を探求した結果、私は、シンプルで明確な目的を持つ退行催眠が、無意識に存在する問題の原因を浮き上がらせることを発見しました。

私はクライアントと向かい合うと、解決したいと思う葛藤を初めて経験した時に戻って

ください、と言います。クライアントは例外なく、感情的、精神的、心理的な情報がぎっしりと詰まった、苦しい思い出の真っただ中に自分を発見します。私は、昔へ戻るようにという指示はそれほど与えていませんが、過去世のシナリオとなることがとても多いようです。

この章で紹介する感情を解放するためのステップは、心を苦しめる過去世の記憶が再び呼び起こされた時に用いてください。

感情を転換する瞬間が重要です。昔の記憶の中で、大切な決断をすることによって、そこにあるプレッシャーから自分を解放し、その出来事との新しい関係を構築できます。そして、その経験が持つ意味を、苦しみや恐れや弱みから、自信や自由に変えられるのです。

確かに、過去世の経験が本物かどうかについては議論の余地がありますが、それがもたらすヒーリング効果を議論するのは的外れに思えます。

持ち越されたトラウマは体に現れる

何千回もの退行催眠を行い、私は、反応パターンについて多くのことを学びました。トラウマとそれにかかわる思考は、強烈な感情によって記憶の中に閉じ込められています。関係する思考とともに、これらの強い感情がはっきりと認識されないかぎり、問題に効果的に取り組むのは難しいでしょう。思考と感情が正確に認識されて、それが意識的に手放せた時に初めて、潜在意識が反応し、その出来事自体を無力化できるのです。

同様に、その出来事の定義や結論や反応を列挙して手放せば、もともとの経験についてまったく新しい自由な見方が生み出されます。新たに発見したパワーのおかげで、潜在意識は、似たような経験においてもはやネガティブには反応しないでしょう。

最初のトラウマは、たいていの場合、かなりの苦しみや傷を伴っています。その物理的な苦痛は、一つの生涯から、その後の生涯まで、程度の差こそあれ持ち越されるでしょう。コード化された情報は、トラウマが起こった体の部位に現れます。細胞の記憶が、現在の症状を生み出しているからです。

ボブの場合は、まさにそのようなケースでした。

彼の問題は、ビジネス仲間に裏切られたことでした。大金を持ち逃げされ、彼が3年間、必死に取り組んできたプロジェクトがダメになったのです。ボブは、落胆と怒りと動揺を感じていました。さらに、ちょうど心臓のあたりの背中部分がずきずきし、あごにも締めつけられるような痛みがありました。

退行催眠をしてみると、ボブは、2歳になるかならないかの年齢に戻り、自分の父親が酒に酔って帰宅して、怒りを爆発させた時のことを思い出しました。

2階にいた彼は、騒ぎが聞こえて下に降りていきました。すると、父親がボブをひっつかみ、壁に投げつけて、喉もとにナイフをつきつけたのです。彼はものすごい恐怖と混乱で動けなくなりました。

このセッションで、ボブの父親は第二次世界大戦中に奇襲部隊の一員だったことがわかりました。その心の傷のせいで、感情の起伏が激しく、しばしば怒りを爆発させていたのです。ボブは、幼い頃の出来事による肉体的影響だけでなく、無力感も手放すことができました。さらに、男性といる時の圧倒感や裏切られる恐怖からも自由になったのです。男性を信頼すれば失望や災難がもたらされる、という思い込みとも決別できました。

子ども時代のトラウマを乗り越えたあと、ボブは、農民だった自分が暴動中に殺された別の過去世へと導かれました。その人生で、彼は背後から騎士に切りつけられて殺されたのです。ボブは権力者に殺される恐怖感と、彼らへの怒りを手放す必要がありました。

ボブは、これらの感情やそれに伴う結果を手放しました。そして、胸を張って自分に自信を持つ、と宣言したのです。権力者との関係においても、自分は大丈夫、と断言しました。退行催眠が終わった時、ボブは解放感を味わい、長年苦しんだ背中やあごの痛みもすっかり消えていました。

恐れは原因がわかるだけで手放せる

自分の限界をうまく手放すには、その原因が今世だけでなく、過去世にもあると理解しなければいけません。それは、あなたの単なる想像ではなく、強烈な感情や状況を伴うトラウマ的な過去の経験が、実際に存在するのです。

まず、出どころである源に光をもたらし、次に、源である出来事を経験しながら、実在する影響を意識的に肉体から解き放つように指示してください。キャロルの例で、このプロセスを説明しましょう。

キャロルは60代前半の女性で、腰の痛みにずっと悩まされていました。退行催眠を行った結果、その原因は、闘いの最中に木槍で傷つけられたせいだとわかりました。彼女は、その時代の名残を今世で経験しながら、苦しんでいたのです。けれど、私とのセッションで、その感情や肉体的な影響を手放し、5年以上も続いていた痛みからも解放されました。

その後また、キャロルは新たな心配事でやってきました。前年に軽い脳卒中を患い、それ以来ほとんど家にひきこもっていたのです。日々、わけのわからない恐れや心配、むかつきや落ち込みに苦しんでいました。この時のセッションで、彼女は、自分の家や近所が破壊され、大切な人がみんな殺害されるのを目撃しました。

彼女は、無力感と混乱と絶望とショックに圧倒されました。その恐ろしい光景はムカムカするようなもので、生き残った罪悪感や神への嫌悪感、死への願望などを後世に残したのです。でも、その原因を突き止めたので、彼女はその感情や思い出の残骸を手放すことができ、胸のむかつきはなくなりました。そして、自分にとって大切なものを失うという恐怖からも解放されました。

一見、不合理で漫然とした恐怖が、突然、明確な意味を持ち、それが彼女の内側にコード化された経験を理解させ、その変化を可能にしたのです。

過去の心の傷を理解して感じること

望まない感情的あるいは精神的パターンを手放す時に一番大切なのは、できるだけそれを認識する能力です。苦しみの中には、感情や思考がごちゃまぜになっているので、自分が手放す必要があるものをはっきり認識するのは難しいかもしれません。

たとえば、ほとんどのトラウマ的状況で恐れや怒りを感じるでしょうが、その中身は状況ごとに異なります。それを効果的に取り除くには、その中身を正確に指摘することが必要なのです。

あなたは何を恐れているのですか？　誰あるいは何に対して怒りを抱いていますか？　きちんと指摘したあとで、一つ一つの感情を十分に感じながら、それを手放してください。

初めのステップでは、深い呼吸をして、息を吐きながら感情や思考を手放しましょう。重くネガティブな感情を追い払ったら、ポジティブなアファメーションを使って、もっと調和のとれた行動や思考パターンを確立してください。実のところ、エネルギーの浄化によって、ポジティブなパターンが現れるための場所ができるのです。

さらに、特定の習慣がどれだけ根強いかは、その原因となった経験における感情の強さによります。変化への欲求が、その感情に匹敵するくらい強ければ、手放すことが可能でしょう。次に示すのは、原因となったトラウマを思い出している最中に、とても有効な選択をしたクライアントの例です。

ケンは、女性と親しくなるのをずっと恐れていて、それを治したいと思ってやってきました。その恐れの原因をたどっていくと、古代中国で戦闘中に重傷を負った自分の姿が見えました。彼の村が襲撃され、自分の妻が殺されるのを目のあたりにしながら、何もできなかったのです。高い草むらに隠れながら、愛するものすべてが破壊されていく様子を苦しみの中で見ているしかありませんでした。ケンは生き残りましたが、恨みと絶望感を抱き続けました。7年間の物乞い生活のあと、逮捕されて拷問に苦しみ、最後は浮浪者として殺されたのです。

ケンの経験は、深い罪悪感と強烈な自己非難に満ちていました。このような感情やそれが生み出している結果を手放さなければならないとわかり、そのために、次のような選択とアファメーションを行いました。

●私は、これまでずっと抱えてきた、あの人生で妻を救えなかったという罪悪感を手放します。

●私は、妻に許しを請い、自分自身を許します。

●私は、自己嫌悪と憎悪感、妻やほかの人を救えなかったという勇気の欠如による結果を手放します。

●私は、その時代からずっと抱いているショック、悲しみ、絶望感を手放します。

●私は、他人の愛や信頼を受けるに値しない、あるいは他人をがっかりさせるという、自分でつくった結論を手放します。

●私は、あの人生での傷つき、苦しめられた経験に由来する身体的影響を手放します。現在の体に現れているあらゆる影響も手放します。

●私は、親密で愛に満ちた関係を引き寄せ、それを維持できる能力を受け入れます。その愛情関係は、互いに育み合い、助け合い、安全なものです。

このセッションのあと、ケンは女性と付き合うのがずっと楽になりました。彼は恐れを手放し、自分の人生に愛を招き入れても大丈夫だと思えるようになったのです。

さらに、かつては足を引いて歩いていましたが、ずっと楽に歩けることに気づきました。これは、自分が過去世で経験した苦しみを手放せたからだと思っています。

手放して浄化するためのアファメーション

原因となったトラウマと現在の経験の間に介在する人生の記憶が、サーッと見えることもあります。そこにも、似たような傷や身体的問題、感情的な葛藤が含まれているかもしれません。けれど、もともとの苦しい経験が取り除かれると、それに関係したすべての経験が再調整され、影響がなくなるでしょう。

ただし、複数の苦しい記憶に取り組まなければならない場合もあります。あるトラウマを一掃したのにパターンが繰り返されたら、原因となる出来事がそれより前にあるかどうかを見てみる必要があるでしょう。

記憶の中に入り込み、感情や限界を与える思考を確認して手放せば、これらの記憶のインパクトが小さくなっていき、無力化できます。手放している最中に、深い呼吸をするのを忘れないでください。

この方法がうまくいけば、その記憶との関係で、あなたは大きく変化し、実際に軽くなった感じがするでしょう。この手放しを終えるにあたり、ヒーリングを受け取り、自分に力を与えると宣言することが大切です。

感情とそれに対応する思考パターンを手放し、浄化するために、次頁からのアファメーションを使いましょう。ただし、これは単なる見本であって、完全なアファメーションではありません。たいていの場合、あなたが自分で選ぶ言葉のほうが、内側での経験をよく表しています。

自分の直感を使って、アファメーションを作ってください。退行催眠中に、自分が得た情報だけでなく、現在の生活パターンについても考えてみましょう。

このようなアファメーションは、過去のトラウマから引き継がれた苦しみを取り去るためのものです。過去世にある感情に心を開けば、あなたはそれを手放して、昔の結論を、より高次の真実と喜びにあふれた人生を生きるための方策に置き換えられるでしょう。

★パターンを手放す

私は、他人（両親、配偶者、友人、親類など）のことに責任を持ちたいという欲求を手放します。

他人への責任は、彼ら本人の能力とスピリットへと手渡します。

私は【　　　】の欲求を手放します。

【　　　】内の例として…
- コントロールする
- 特別である、あるいは人と違う
- 完全である、あるいは準備ができている
- 見かけがよい、あるいは特別に見える
- 愛され、受け入れられる、あるいは特定のやり方で支持される
- 責任のある、あるいは前もってすべて知る
- 苦しむ、あるいは罰せられる
- 復讐を求める

★感情を手放す

私は【　　　】の感情を手放します。
それは、私が過去から持ってきたものです。

【　　　】内の例として…
- 無能さ、絶望感、失望感
- 無価値、無意味、劣等感
- 混乱、恥辱感、当惑
- 断念、裏切り、拒絶感
- 孤立感、寂しさ、分離
- 迫害、八方ふさがり、じゃま者
- 怒り、嫌悪感、激怒、憤慨
- 無力感、無気力、被害者意識
- 自己嫌悪、自己放棄
- 軽蔑、うんざり、非難
- ねたみ、嫉妬、欠乏感、焦り
- うぬぼれ、優越感、独りよがり
- 罪悪感、責任感、自己犠牲
- 死ぬことへの恐れ、人生への恐れ、神への恐れ
- 特定の状況への恐れ、特定の人への恐れ

●感情、あるいは見解
●私という存在の他の側面

私は、自分でつくったかもしれない【　　　】という思いや結論を手放します。

【　　　】内の例として…
●私には生まれつきの欠点があり、不完全、あるいは敗者である
●私は（～は）信頼できない人間だ
●私は（～は）支配される必要がある
●私には（　　）の才能がない
●人生は不公平、あるいは闘いだ
●悪は善に打ち勝つ
●この世に、私の居場所はない
●この人生で、私を助けてくれる人はいない。私は一人ぼっちで、自分の力だけで生きている
●失う苦しみを経験するなら、最初から望むものを手に入れないほうがいい
●物質世界とスピリチュアルな世界は別ものだ

私は、自分の発言や行いで、これらの結論を支持するものはすべて手放します。

★結論を手放す

私は、これらの感情や出来事によって、自分がつくったかもしれない誤った結論を手放します。
私は、自分の【　　　】についての間違った情報や限界を手放します。

【　　　】内の例として…
- 目的、パワー、あるいは知恵
- 重要性、価値、あるいは資格
- 知性、あるいは能力
- 強さ、あるいは勇気
- 肉体、あるいは自己イメージ
- 特定の関係性、あるいは性的関心
- スピリチュアリティ

私は、自分が【　　　】を経験するのは安全ではないという結論を手放します。

【　　　】内の例として…
- 愛、あるいは親密さ
- パワー、あるいはリーダーシップ
- 真実、あるいは知識
- スピリチュアリティ、あるいは肉体中心主義

私は、【　　　】を知る能力と、その自由な表現に心を開きます。

【　　　】内の例として…
- 私の真の性質と目的
- 私の真の強さと確かなパワー
- 他人や宇宙の持つ強さとその助け

私は、【　　　】との真の関係に心を開きます。

【　　　】内の例として…
- 私のスピリット
- 神
- 地球
- この世界を共有する人々
- スピリット、天使、ガイド
- （特定の他人）

★宣言する

私は、【　　　】のための許しを求めます。
私は、【　　　】について自分を許します。
私は、【　　　】について他人を許します。
私は、自分の真の強さに心を開きます。
私は、他人の強さと助けに心を開きます。
私は、次のような自由で豊かな表現の能力に心を開きます。

【　　　】内の例として…

- 愛
- 指導力
- パワー
- 真実を知り、認識する
- 創造性
- 性的関心
- 身体的能力
- 自分の真実と通じ合う

9章　コードを書き換える

自分の人生について考えてみましょう。

あなたはどんなパターンを変えたいと思っていますか？

繰り返したり、償っていると思うような事柄はありますか？

あなたはおそらく、自分がどんな人間であるか、これまでどんな人間であったのかを理解し始めていることでしょう。過去の事実が見えてくると、自分の目的や計画がはっきりしてくるはずです。

8章でトム・クラッツレーが、現在の問題を癒す方法を紹介してくれましたが、過去の影響に気づき、それを経験しながら手放し、宣言することで、あなたのコードの中心的な問題を変換できるのです。

あなたの意識が、自分の現実を創造しているので、その中に深く入っていくことが大切です。ずっと知らなかった自分の過去の情報を発見すれば、自分の邪魔をしていた障害を取り除き、昔の制約や誤った結論から自由になって、前進できるでしょう。

現在の人生での重要な変化は、このプロセスから生まれます。あなたの魂は成長のための癒しを求めています。次にあげる４つのステップで、カルマのコードを取り除いて書き換えることができるでしょう。

ステップ1　学びの源やパターン、その意味に気づく
ステップ2　ネガティブな経験や感情、執着を手放し、書き換える
ステップ3　コード化された結論とカルマの決意を変える
ステップ4　学んで、それを現在に生かす

どのステップも極めて重要です。

次に、実例を紹介しながら説明しましょう。

ステップ1 学びの源やパターン、その意味に気づく

過去世の情報にアクセスする方法はたくさんあります。退行催眠やリーディングなど、どの方法から得られたデータも極めて重要です。

あなたは、過去世についてのすばらしい発見をしたという話を数多く聞いたことがあるでしょう。その中には、何が起こったのか知っただけで癒しが起こった、というケースもあるはずです。

でも、今日直面している問題にかかわるすべての過去世に気づく必要はありません。実のところ、カルマを調べなくてもパターンを変えられることがあるのです。

あなたがその学ぶべきことを本当に学べば、魂の目的を満たし、別の過去世にコード化された同じようなカルマも改善できるでしょう。それでも問題が現れ続けたなら、注意を向けるべき過去世がほかにもあるというサインです。

自分が望む時にいつでも過去に戻れる能力は、とても重要です。そのために、本書の付属ＣＤは一人で退行催眠の練習ができるようになっています。

トラウマによるパニック障害

ダイアナは、一人で車を運転するとパニック発作に襲われることに悩み、私のところへやってきました。若い時にも同じような運転の不安がありましたが、一度解決して、かなり時間がたっていました。同じ症状が42歳で再び現れた時、以前に用いたリラックス法をやっても効果がなく、過去世が関係していないか調べたいとやってきたのです。

さっそく、退行催眠で過去世に戻り、何が起こったのか、それは何を意味するのかを見つけようとしました。

催眠中、ダイアナは、自分が１９２０年頃のポーランド都市部にいるのが見えました。彼女は往来の激しい通りで車を運転していましたが、渋滞に巻き込まれた時、自分のほうへ暴走してくる路面電車が見えたのです。逃げ出す間もないまま、無残にも彼女は車ごと押しつぶされてしまいました。

この過去世が意味することは明らかでした。つまり、これはトラウマによる恐怖症で、過去世で事故が起きたのと同じ年齢で、パニック発作が始まっていたのです。

事実、その出来事の年齢に近づくにつれて、より頻繁に恐怖感を抱くようになり、症状はひどくなっていきました。このことがわかっただけで、その症状はかなり改善しましたが、パニック発作を完全に治すには、ステップを続けなければなりませんでした。

詳しい情報を得たら、その意味を理解する時間をとってください。現在の人生に、それがどう当てはまるかを見てみましょう。責任、罪悪感、被害者意識は手放して、自分が得た情報を信じてください。

その経験から大切な学びを見つけられるように、魂の目で眺めてください。そうすれば、すべてのステップを用いながら、あなたは自分のコードを取り除き、それが現在や未来に与えている影響を変えられるでしょう。

ステップ2 ネガティブな経験や感情、執着を手放し、書き換える

これまで生きてきたいくつもの人生を考えた時、気づかないうちに自分がいかに多くの感情やエネルギーを運んでいたのかと驚くでしょう。これらのコード化された感情の手放しは、完全にカルマを取り除き、現在と永遠の意識を変えたいと思っているなら、非常に重要なことです。この停滞したエネルギーは、あなたの生命力の流れを邪魔し、人生に癒しやロマンス、豊かさがやってくるのを阻んでいます。

パターンという牢獄

過去世を見始めると、感情的な執着が非常に強い力を持つことがわかるでしょう。これらのパターンを壊し、手放さなければ、それはさらに深く埋め込まれ、大きな問題になります。ですから、きっぱりと決心し、根気強く集中して、自分の過去世での出来事に向き合うことが必要なのです。

残念ながら、私たちは、人でも習慣でも感情でも、何にでも執着するようです。カルマ的な執着は、私たちが以前ある問題に関して大きな感情的ダメージを受けており、今度は真剣に対処すべきだということを意味します。事実、不健全な感情やパターンを手放すことは、より偉大なカルマの指令の一つです。それは大金を稼いだり、物質的豊かさを求めるよりもはるかに大切なことです。

私たちは、自分のパターンによって牢獄に放り込まれます。恐れや憂鬱という感情は不愉快なものですが、奇妙なことにだんだん親しみがわいてきて、人生にある種の勢いを与えます。でも、ネガティブな感情を手放し、カルマの歴史を書き換えることが、現在の変化や将来の幸せと成功の基盤をつくり上げるのです。

もとになっている経験を書き換えることが、ステップ2の重要な部分です（付属CDにこのプロセスが入っています)。

過去の経験を書き換えることは、とてもパワフルです。ここにあげた他のステップと一緒に書き換えを行った結果、現在の状況がすばやく変わった、と多くの人が私に証言してくれました。数年前の私のセミナーでも、驚くようなケースがありました。40年間ずっと煙草を吸っていた男性が、その習慣の源を発見するために退行催眠を行ったのです。彼は、私と行った書き換えと手放しによって、自分のパターンの牢獄から完全に自由になれたと言いました。40年も煙草をやめられずにいた彼が、とうとう禁煙に成功したのです。

あなたも、決定的な変化を起こすことができるでしょう。

過去の出来事を書き換える

原因が明らかになると、ダイアナはすぐに自分のパニック障害の解決に取り組み、それを手放して、書き換えなければいけませんでした。最初の退行催眠中に、ある程度の不安は手放せましたが、回数を重ねて、パニックの気持ちをさらに振り払い、その状況に安らぎをもたらしたのです。彼女は、その出来事を完全に書き換えました。目の前の渋滞を取り除き、路面電車が近づく前に、自分の車がそこから立ち去る様子を思い描いたのです。そして、そのイメージを今世にも送り、車の運転は安全で心地よいものだと断言しました。

その結果、すぐに、心底くつろいで運転できるようになりました。

パニック障害のような劇的な症状で苦しんでいるなら、それはあなたの体にある記憶が何かを伝えようとしているためです。怒りや恐れやトラウマが、知らず知らずのうちに、あなたに影響しているのかもしれません。それが何かを見つけて、手放し、書き換えましょう。結果が出るまで続けてください。

あなたの意識をコード化し直すステップのすべてが、自分のカルマの指令に従うための助けとなるでしょう。あなたの魂は、不健全なコードやパターンを取り除きたいと思っています。一番大切なのは、あなたの過去の経験を書き換えて、有害な感情や結論を健全なものと交換することです。それに加えて、次の二つのステップが、あなたを精神的、身体的、経済的、人間関係のパターンによる牢獄から完全に自由にしてくれるでしょう。

ステップ3　コード化された結論とカルマの決意を変える

過去世からの感情的経験が、いかに不健全な影響を与えているかは明らかです。ですから、私たちは、いまだに残っている望まないカルマの決意と、その有害な考えを手放さなければなりません。

あなたのカルマの決意は、前世から残っている個人的な動機です。たとえ現在の欲求とは正反対だとしても、それが今でもあなたの人生を動かしているのです。この現象を、「カルマの契約」と呼び、その存在のせいで古い選択に縛られている、と感じる人もいます。けれど、カルマの決意のほとんどは、何の拘束力も持ちません。ですから、あきらめずにカルマのコードの書き換えに取り組めば、あなたは過去世の願いから解き放たれるのです。

そのような例として、最近の私のセミナーに参加した女性の話をしましょう。

彼女は、自分に子どもができない理由がカルマのせいなのか見てほしい、と言いました。退行催眠で、すぐに詳細まではっきり見えてきました。そこには腹の底からわいてくる強い感情があり、この問題がコード化された理由は明白でした。

私には、田舎の丸太小屋に住む彼女の姿が見えました。彼女は開拓者の母として忙しく働いていました。井戸から水を汲み、大きなかまどで料理を作り、たくさんの子どもの面倒を見ていたのです。10歳未満の子どもが8人はいて、年長の子どもたちは手伝いをしていましたが、幼児はお腹が空いたと泣き叫んでいました。

この女性の人生を眺めながら、私は強い憤り感に襲われました。彼女は子どもを愛してはいましたが、自分の手に負えず、へとへとに疲れ切っていたのです。彼女の心の中で、「もう子どもはいらない」という決意の声が響いていました。それとともに、「夫とはもうセックスしたくない」と繰り返していました。

これは、カルマの決意が今世の現実をつくり出した明らかな例です。夫への彼女の決意を目のあたりにしたので、彼女に今世で男性との関係に問題がないかと尋ねてみました。すると、笑いながら、「男性とはありません！」と言ったのです。つまり、男性とのセックスは、自分をもっと惨めな状況にするとコード化された結論が、今世では同性愛者になるという形で現れていました。

さらに、もう子どもは産まないという決意もしっかりと残っていて、そのために、今世では子どもを持ちたいとは思わなかったのです。彼女には同性愛者であることを変える気はありませんでしたが、家族を持ちたいと思っていました。

彼女は過去世のシナリオを書き換え、子どもは2、3人でよく、愛情いっぱいの世話をし、手に余る感じのない自分を想像するようにしました。そのプロセスの最中に、怒りや疲労感が飛び出してくると、手放しのアファメーションを言って、その感情や反応から自由になりました。さらに、安心して子どもを産むことができ、子どもと人生を楽しむと宣言しました。

今世で子どもを産むことに心を開き、そのためのお金もあると断言して、過去世での夫との関係も書き換えたのです。彼女は、夫との境界線を設け、その結果、子どもの数が少なくなるようにしました。このようにして、彼女は自分のパワーを取り戻し、隠れていた憤りを取り除くことができたのです。その憤りが、今世で家族を持てないという失望感を生じさせていた要因でした。

憤りは、隠れたカルマの決意の力によって、私たちがもはや望まない運命のほうへと導き、償いの人生を送らせるでしょう。

次に、一般的な3つの問題と、それが生み出すカルマの反応について考えましょう。

❶子どもに対する憤り……子どもがいない、あるいはなかなか子どもができない
❷仕事に対する憤り……仕事を得るのが難しい、あるいは嫌な仕事を引き寄せる
❸男性や女性に対する憤り……健全で幸せな関係性を築くのが難しい

簡単に言えば、何かに対する隠れた憤りは、望む状況を押しやるか、憤りの原因をさらに引き寄せてしまいます。ですから、あなたの現在の望みをかなえるには、ネガティブな感情や決意を手放さなければなりません。恨みを手放せば、自分に安全と力を与える新しいコードを創造できるでしょう。

この問題に関係するカルマを取り除くだけでなく、あなたが今感じている憤りを見てみてください。あなたは、この人生、またそれ以降の人生のために、どんな種類の決意をコード化していますか？

それが過去からきていても、現在の状況から来ていても、手放す必要のあるものが何であれ、心からのアファメーションが、より健全な決意を前面へと押し出してくれます。

でも、口先だけの宣言はしないでください。心を込めずにポジティブな宣言を何度繰り返しても、真の変化は決して起こりません。

8章で、すでにすばらしいアファメーションを紹介しましたが、次のリストは、カルマを変えるための一般的なアファメーションの例です。過去世の問題に対する決意として、あるいは自分のコードを変えるために使ってください。

- 私は、古い、不健全な習慣や結論を手放します。自分を制限する過去の欲求を手放します。
- 私には自由意志があり、自分で選択します。
- 私は、過去から自由です。有害なパターンや思考や執着は捨て去ります。もはや、隠れた決意に従う必要はありません。私はそれを手放します。
- 私は、過去に感謝し、それを手放します。私は自由です。

●私は、自分の魂とのもっと深いつながりへと心を開きます。魂の中に存在する偽りのコードを手放し、聖なる源へと戻ります。
●私は、身体的にも、精神的にも、感情的にも自由です。私は完全で、健康です。聖なる意識がすべての細胞を満たしています。
●聖なるエネルギーが私の永遠の命を駆け巡り、過去を手放し、現在を癒し、未来に恵みを与えてくれます。
●私は、今この時から自由を得て、自分に力を与える選択をします。毎日がよりすばらしい悟り、純粋さ、目的、繁栄、愛をもたらしてくれます。
●私は、自分の魂が学びたいと思っていることに心を開きます。今、私は、幸福にあふれ、目的を持って人生を歩むための強さと能力を持っています。

これらは、あなたが物事を好転させるためのアファメーションの例にすぎません。これらのアファメーションを使う大切な目的の一つは、あなたが過去世では持っていなかったパワーや自由意志、能力を現在は持っている、と思い出すことです。ですから、もう昔の方法で反応する必要はありません。あなたは何にでも対処でき、いつでも違う方法で物事を行えるのです。

アファメーションを使えば、自分のカルマを完全に取り消し、そして新しい決意を現世の問題に適用できるでしょう。これが、ステップ4の重要な部分なので、決して忘れないでください。

ステップ4 学んで、それを現在に生かす

自分のカルマの学びが、現在の問題と関係しているとわかれば、私たちは自分自身と自分の人生を完全に自由に再定義できます。すべての出来事を変える必要はなく、自分に自尊心と力を与えるような新しい結論をコード化するだけです。

過去世の学びを現在の経験に応用することが、このプロセスの大切な部分です。というのは、学びの起こる場所は、現在だからです。

「学ぶだけで実践しなければ、学んだことにはならない」という古い言い回しがありますが、これはカルマにも言えることです。過去の事実を見つけて、それを手放すのは興味深いことですが、それが現在の人生の役に立たなければ、コードを書き換えた意味がありません。結局、原因と結果の同時性を理解すれば、自分の現在の経験は、過去世からの影響だけでなく、未来の人生にも影響を及ぼしているとわかるはずです。

今この瞬間、決意と行動を示せば、未来のための新しく、健全なコードがつくり上げられるのです。

一番深いレベルで癒しを与えるには、未解決の問題について調べなければなりません。過去世について——つまり、その中での出来事だけでなく、その意味や結末や期待について知ることの主たる目的の一つは、現在に変化をもたらすことです。その問題が解決し、古いコードを壊すことができれば、問題は現れなくなるでしょう。

自由をコード化する

私の場合、囚われのパターンが呼吸器系の問題として繰り返し現れました。一度はこの問題を払しょくしましたが、しつこい肺炎という形で、最近また復活しました。

さっそく退行催眠をしたところ、二つの過去世で自分が刑務所にいたとわかりました。その一つは、ずいぶん昔のことでした。おそらく暗黒時代、あるいは中世でしょう。カビの生えた土牢の中で、壁に鎖でつながれている自分の姿が見えました。もう一つは、少しあとの過去世でしたが、再び石の独房にいて、鉄格子が見えました。

私は、このパターンが文字通り、かつ比喩的にも牢獄を表していて、それから自由になるべき時だとわかりました。恐ろしい牢獄での息苦しさが、私の細胞の記憶にコード化されており、それは隠喩的な牢獄状態も示していました。それらの過去世で、私は、自分には状況を変える力がないと結論づけていたのです。私には、それらの時代の自分の無力感を手放し、今世の何がきっかけでこの問題が復活しているのか、調べてみる必要がありました。

まず、これらの牢獄での経験を書き換えてみました。つまり、自分がそこから出ていき、監禁状態から自由になる様子を想像したのです。

晴れた天気のいい日に外に出て、深呼吸をし、さわやかな空気に感謝している自分を見ようとしました。そして、「私はいつでも、自由に出ていくことができ、何でもできる」と宣言して、喜んで立ち去ったところをイメージしました。その時、このことは現在の人生でも真実だと宣言しなければいけないとわかったのです。

最初は、これが現在の状況にどのように当てはまるのかわかりませんでした。というのも、自分が縛り付けられているように感じていなかったからです。

けれど、心の奥を見ていくにつれて、自分の限界は自ら課したものだと知りました。私は、無意識のうちに過去のパターンを繰り返していたのです。気づかないうちに、働きすぎのパターンに陥り、自分を縛りつけていました。

私は、自分の仕事のあらゆる側面が大好きでした。本の執筆も、講演も、クライアントに会うことも含めてすべてです。そのために、仕事の勢いの中に飲み込まれてしまいがちでした。本の締切、授業のスケジュール、個人セッションが、私の時間とエネルギーを支配していました。私は、自分の魂が、家族との時間や自分一人の時間、ただ楽しむだけの時間を欲しているのに気づいたのです。

最初はこの学びに抵抗したことを、正直に認めます。というのも、自分の仕事がとても楽しかったからです。でも、私は書き換えを数回行い、自分自身を自由にし、楽に呼吸をして、人生における無意識のパターンを断ち切る宣言をしました。

書き換えを行ったあと、私は、自分の行動でこの決意を示さなければいけないと感じ、実際に数人のクライアントとの約束をキャンセルしたのです。

これは私にとってとても難しく、責任という古い問題を提起しました。私はクライアントをがっかりさせたくありませんでしたが、自分自身に失礼なことをしても、彼らを敬うことにはならないと知りました。再びバランスを取り戻すことが、私の健康や人生の学びには一番必要だったのです。

休みをとるだけでなく、癒しや楽しみのために、ドナ・イーデンがエネルギー療法を教えるクルーズに参加しました。それはとても啓発的で、大きな変容をもたらしてくれ、自分のパターンから逃れるのに役立ったのです。これまで講演のために旅はかなりしてきましたが、私的な目的や楽しみの旅は一度もありませんでした。そうやって、知らず知らずのうちに、自分自身を過去世の牢獄に閉じ込めていたのです。

肺炎は、このような過去世を手放し、現在の選択を変えて、深くコード化されたエネルギーを変えるための贈り物だったのです。

私たちが学ぶべきライフレッスンとは何か

繰り返し現れる問題は、魂が原点に戻るための大切なきっかけになります。これらのしつこく、口やかましい問題は、私たちにカルマの指令（今回解決すべき人生の学び）を思い出させます。ですから、自分が直面している問題は、魂が理由があって与えてくれたのだ、と考えるべきでしょう。

これらの問題にどう対処するかは、私たちしだいです。自分から進んで、かつ受け入れる気持ちで、自分の魂の目的を見つめれば、現在与えられた人生で大きな進歩を遂げられるはずです。

もちろん、すでにお話ししたように、私たちに起こるすべてがカルマのトラウマによるものではありません。私たちの魂には、成長と学びのサイクル、そして過去、現在、未来にわたる高次の目的があるのです。

私たちの困難の中には、この人生だけのものもあれば、魂の永遠の経路で私たちを次のレベルへと押し上げてくれる指令もあります。その源が何であれ、避けることはできません。このことを忘れずに、次に紹介するライフレッスンを検討してください。そして、あなたがまた取り組む必要のあるものはどれか、何があなたのカルマのバランスを回復させてくれるかを考えましょう。

●真の力と価値

野蛮さ、横柄さ、強がり、依存によって不正なパワーを求める人がいれば、それを簡単に手放してしまう人もいます。このどちらも、あなたの真価や永遠の力を表す方法ではありません。あなたの魂は、このような偽りの人生を生きるのは我慢できないので、その偽りの考えがどこからやってきたのかを突き止めることが大切です。

原因となった出来事（子ども時代から過去世に至るまで）を書き換えて、その結論を手放してください。それから、今の人生でそれを正しい状態にするために、何ができるか考えましょう。

偽りの優越感や劣等感を手放す勇気を持ってください。そうするまで、自分の真実を見つけるためのチャンスを探し続けることになるでしょう。

●自分や他人への愛と思いやり

これは、私たちのもっとも高次の目的であり、偉大な学びの一つです。無条件に愛し、思いやりを持って生きることは、永遠の意識において非常にポジティブなコードをつくります。けれど、これは自分への愛から始まることを忘れないでください。実際、自分への愛は、もっとも突出した重要な学びの一つです。

多くの人は、独学で、それを学ぶように強いられます。この人生や他の人生における愛のないエピソードを書き換えて、これからは自分を大切にする選択を受け入れましょう。

●判断しないこと

これは、愛や思いやりの延長上にあるものです。誰かを非難すると、私たちの調和は乱れます。そのバランスの崩れは、私たちの永遠の意識にコード化され、自分が非難したまさにそのエネルギーを経験するために戻ってくるでしょう。このようにして、私たちは自分がかつて非難した人の感情を深く理解するのです。

判断は、とてもパワフルなコードであると覚えておいてください。それは、「あなたは自分が非難したものを生きることになる」という揺るぎないカルマの指令をつくり出します。

●ねたみや不満を手放して、感謝の気持ちを呼び起こすこと

ねたみや非難は似たような原因から起こり、それは両方とも粉々に打ち砕かれたエネルギーです。

にもかかわらず、とても大勢の人が、いつも不満の中で生き、もっと欲しいと望み、他人の持ち物を手に入れたいと思っています。これは真の感謝のチャンスを奪い、足りないという意識を大きくして、その結果、あなたの運命を暗闇の方向へと導いてしまいます。

次のように自問してみてください。

「自分が持っているものにどれくらい感謝しているだろうか？　他人の成功に自分はどれくらい幸せを感じているだろうか？」

この人生や過去世からねたみを手放せば、感謝とすばらしい生命力という魅力的なコードを創造する道が開かれるでしょう。

●執着しないこと

誰かあるいは何かを本当に愛することは不健全ではありませんが、人や物に、自分の感情や価値や幸せや自己定義などをゆだねるべきではありません。

この世で何かに依存しすぎれば、次回はそれなしに生きなければならない人生や、依存症に苦しむ人生になるかもしれません。

過去世の過度の執着を書き換えて、それを手放すという決意をしてください。究極の解決法は、自分を喜びにあふれた人と考え、外界のものすべてを、幸せな人生をさらによくするものと考えることです。

●安らぎ、調和、身体と感情のバランス

執着を手放すことでバランスを取り戻せますが、その他の学びが含まれていることもあります。自分の世話や健康的なライフスタイルを優先することは、たいていがカルマの学びです。他人との対立を減らすことは調和を促し、自分の内側の闘いを手放せば、内なる平和がもたらされるでしょう。そのカギは、私たちが自分の思考と選択を自由に操れると理解することです。

過去からの対立を書き換えてください。この世で、そして未来で、より良い結果を生み

出す高次の波動をコード化するために、今ここで安らぎと調和を選択しましょう。

カルマという言葉は、「行動」を意味するサンスクリット語からきています。今あなたが起こそうとしている積極的な変化は、即座に劇的な結果を生み出すでしょう。

あなたのパターンがどんなに根強いものでも、あなたは魂の一番深いレベルでそれを癒すことができるのです。隠れた過去を明らかにし、長く保持されていたコードを書き換えれば、人生に驚くようなパワーがもたらされ、あなたは自由になり、これまでにない容易さと方向性を持って前進できるでしょう。

10章　過去世からのガイドに出会う——シャロン・A・クリングラー

シャロン・A・クリングラー（www.starbringerassociates.com）
世界的に知られたミディアムで、スピリットとつながるための著作やＣＤが数多くある。

あなたには助けや愛やインスピレーションの美しい世界があります。両親、きょうだい、子どもたち、おじさん、おばさん、恋人、友人、先生など、これらすべての人が、今この瞬間、あなたのためにここにいるのです。彼らがすでに亡くなっているとしてもです。

彼らは現在、スピリット界にいる、あなたの過去世からのガイドたちで、今でもあなたのことを大切に思い、働いてくれています。

たくさんのガイドがいて、その種類はさまざまです。あなたの家族や友人や同僚などのほかにも、アセンデッドマスターや天使、スピリチュアル・ティーチャーやメンターがいます。あらゆる種類のスピリットガイドがいて、彼らは何世代にも及ぶいくつかの生涯からやってきています。

これら過去世の人々は、どうして今世であなたのところへやってくるのでしょうか？あなたを慕っているからでしょうか？

それとも、あなたとの関係から抜け出せずにいたり、執着しているのでしょうか？

答えはそのどちらでもなく、とても簡単です。つまり、愛する人間関係が、肉体が死んでも続くように、過去世の人間関係も今なお続いているのです。

もちろん、すべての過去世からあらゆる人間関係が、あなたのところへやってくるのではありません。誰にでも、自分自身の目的や計画や達成すべきゴールがあるからです。

これらのすばらしい存在と知り合うには、スピリットガイドとつながったり、直感を高めたりする訓練と同じエネルギーや焦点や見方が必要となります。そして、一番大切なのは、信じることです。

スピリットとつながっている時、微妙な変化、感覚、イメージ、アイディア、シンボルなど、すべてを信頼することを学ばなければいけません。それが何を意味するのかわからなくても、あらゆる出来事に信頼をおいてください。自分が感じたことをとやかく言ったり、疑ったりすれば、あなたは左脳（質問したり、判断したりする場所）に支配されて、過去世のガイドや現在いる教師たちとのつながりを断ってしまうでしょう。

スピリットとのコミュニケーションと日々の生活の両方において、信頼を培う練習をしてください。ちょうど習慣をつけるようなものです。何度もすればするほど、だんだん無意識のうちにできるようになるはずです。現在と過去のスピリットやガイドに耳を傾けてください。そして、自分が知ったことは真実だと理解しましょう。

過去世からのガイドの役割とは

なぜ人は、過去世からのスピリットガイドにつながる方法を学ぼうと努力するのでしょうか？

過去はもう終わったのです。ですから、そのままにしておくべきではないでしょうか？

過去につらいことがあったなら、それを思い出さないほうがいいのではないでしょうか？

これまでの章ですでに学んだように、問題を無視したり、苦しい感情を抑圧したりするのが役に立つことはまずありません。それが過去のものでも現在のものでも、同じです。

では、カルマの学びを通して成長しようとしている時、なぜスピリットとつながったほうがいいのでしょうか？

それは、契約書にサインする時に弁護士を雇ったり、健康上の不安がある時に医師のところへ行ったり、困難や喜びを家族と分かち合うのと同じくらい大切です。

スピリットという存在は、あなたを助け、導き、愛するためにここにいるのです。ですから、彼らとの親交を深めてください。彼らはあなたのためにいつでもここに存在します。そして、それぞれのやり方で、ユニークな贈り物や歴史、才能や目的をあなたの人生にもたらしてくれるでしょう。

過去世の母や祖母のスピリットは、あなたが現在果たしている母親的な役割を助けるためにやってきます。また、子どもや孫たちの世話をして、見守ってくれるでしょう。同僚のスピリットは、新規事業に手を貸すために、前世の配偶者のスピリットは、現在の恋愛を助けにやってきます。あなたの過去世のガイドは、スピリチュアルな教師かつ助っ人で、高次の領域からやってきた光を放つ存在なのです。

彼らには、あなたが過去の出来事やトラウマを発見し、癒し、手放せるように手助けする、という共通した目的があります。ですから、彼らともっと親しくなってください。あなたが彼らの存在に心を開き、自分にもたらしてくれるすばらしい洞察を発見すれば、彼らの仕事はずっと簡単になり、あなたも大きく進化できるでしょう。

変化を起こせるのは、あなただけ

過去世のガイドが教えようとしているものを発見しても、カルマを癒す仕事は、そこで終わりません。あなたは、自分のカルマの歴史における信念や感情を理解して、変更しなければならないのです。

このようなスピリットの助っ人は、あなたが出来事の迷路を通り抜ける手伝いはできますが、それを理解して手放す仕事は自分でしなければなりません。

「子育ては村全体でするもの」と言われるように、新しいあなたを育てるには、チームで取り組むことが必要なのです。

このグループには、あなたやあなたのスピリット、現在や過去からのスピリットガイドや教師が含まれます。さらに、現在知っている人で、過去世をともに生きたり、好ましい、あるいは好ましくない学びをあなたに突きつけている人たちも考慮に入れましょう。

カウンセラーとして、私もチームの一員になることがあります。私は、クライアントが過去世の一部を発見し、理解できるように手助けできますが、必要な変化を起こすのはクライアント自身です。

過去世からのガイドに会うビジュアライゼーション

スピリットに会おうと行動を起こす時、あなたはスピリットのために扉を開き、もっと近くに来てもらい、自分の気づきの中にはっきり存在できるようにします。あなたの過去世からのガイドは、他のスピリットの仲間のようにいつも存在しています。

それでは、さっそく彼らに出会うことにしましょう。

そこにいるのは誰ですか？

目を閉じましょう。あなたの左側に過去世のスピリットが立っているのが見えたり、感じたりしませんか？

過去世のスピリットをじっくりと見つめてください。着ている服、身長や性別、どんな気持ちかを十分に感じましょう。

自分が受け取ったことはすべて信じてください。このスピリットは、あなたにどんなメッセージを伝えていますか？

ガイドを感じるのが難しくても、我慢強く自分のガイドにつながり続ければ、あなたの知覚はだんだん鋭くなっていきます。ただリラックスして、次のアドバイスに従いましょう。

1．左脳から離れましょう。疑ったり、ケチをつけたりするのはやめてください。
2．新しい考えを受け入れる想像的な右脳を働かせて、あらゆる直感に気づきましょう。
3．自分が経験したあらゆるものを信頼してください。もっとも強烈なイメージやアイディアから、心や体のとるにたらない感覚まで、すべてです。

では、そのためのビジュアライゼーションをしてみましょう。次の文章を読み上げて録音し、もっとくつろいだ状態の時に聴いてもよいでしょう。

過去世からのガイドとのビジュアライゼーション

★リラクゼーション

目を閉じて、自分がリラックスしていくのを感じてください。
深く、浄化するような呼吸をして、リラックスしましょう。
もう一度深い呼吸をして、さらにリラックスしましょう。

すべての緊張感を手放しながら、あなたはだんだん深いくつろぎの中へと沈んでいきます。楽に呼吸を続けてください。

次に、3から1まで逆に数えます。数字が小さくなるごとに、もっと深くくつろぎましょう。

3．自分の肩、腕、首、顔から力が抜けていくのを感じ、手放して、くつろぎましょう。息をするたびに、永遠不滅であるあなたの中心で輝く光の中へとだんだん深く入っていきます。

2．あなたの胸、背中、体のすべての部分がくつろいでいき、重たくなるのを感じましょう。あなたは楽々と、内側の美しい光の中へと運ばれていきます。その光は、あなたが知るべきことはすべて知っていて、自分が受け取った答えやイメージや考えのすべてを信じているあなた自身です。

1．完全にくつろぎ、あなたは全知で永遠の自己の中で休んでいます。それは、何の疑いも持たず、あらゆる感覚やイメージに気づいているあなたの一部です。

★過去世へと出発する

あなたはくつろいだまま、ある存在を感じ始めます。それは、あなたのそばで光を放っているスピリットです。過去世や、その合間にある時間のない空間の中で、あなたと一緒にいた存在です。

この愛に満ちたスピリットがあなたに近づいてくるのを感じてください。細かなところまで見たり経験したりしなくても、このすばらしい存在を感じることを自分に許しましょう。

この存在が優しくあなたの肩に触れると、美しいエネルギーが感じられるでしょう。愛にあふれる存在に抱きしめられている自分の姿を見て、感じてください。

この存在があなたの手をとるのを見て、感じましょう。

想像の中で、あなたは立ち上がり、その存在と一緒に歩き始め、長い廊下を進んでいきます。まるで宙に浮いているような感じかもしれません。たくさんのドアがある美しい廊下を歩いていきましょう。

あなたが向かっているドアは、今この時、一番知る必要のある過去世へと通じています。

あなたとガイドはそのドアを開けて、以前一緒にいたその場所と時間へと足を踏み入れます。そうしながら、あなたは自分の服や体が変化するのに気づくでしょう。あなたのガイドも同様に変化します。さあ、過去世の中へと入っていきましょう。

あなたはしっかりとそこに立っています。

廊下は消えてしまい、あなたは完全に過去世の場所と時間の中にいます。しばしそれを感じてください。自分の姿を眺めて、自分の性別、体、どんな服を着ているかに気づきましょう。あなたのガイドのほうも見てみましょう。

その過去世で、あなたは何歳くらいですか？　男性ですか？　それとも女性ですか？

心に浮かんだ最初の答えを信頼してください。次に、周囲に目をやりましょう。

あなたはどこにいますか？　どんな気候ですか？　暖かいですか、寒いですか？　雨が降っていますか？　乾燥していますか？　夜ですか、昼ですか？

どんな植物や動物が見えますか？

ガイドと一緒に、昔あなたが暮らし、働いていた場所へと歩き始め、周辺の様子に注意を向けましょう。

歩きながら、あなたのガイドは、この人生でのあなたとの関係について教えてくれます。その人物は、配偶者でしたか、両親でしたか、子ども、あるいは友人、教師、スピリチュアルな教師でしたか？　さらに進みながら、そのつながりを感じてください。

まもなく、あなたは自分に強い影響を与えた経験の場所へとやってきます。そこでの人間関係や出来事は、当時のあなただけでなく、現在のあなたにも影響を与えています。

ガイドはずっとあなたの後ろをついてきてくれるでしょう。それが洞窟だろうが、教会だろうが、ビクトリア朝の家あるいはあばら屋だろうが、あなたが以前住み、働いていたその場所へと入っていってください。

その時、あなたはそこで何が起き、それが人生でどれほど重要だったかにただちに気づきます。時間をかけて、この場所とそこで起きた出来事について情報を集めましょう。

この場所は、どんな感じがしますか？　何が明らかになって、それはどういう意味ですか？　誰があなたと一緒にいますか？　それは現在の生活で知っている人ですか？

しばらくこの場所を探索しながら、心に浮かんできたことを信頼してください。

では、そろそろ終わりにしましょう。

深い息をして、さらにくつろいでください。あなたが過去世のどこにいても、別のスピリットが近づいてくるのが見えるでしょう。これは、新しい過去世のガイドです。この美しい光の存在は、過去世のスピリチュアルの教師で、あなたの魂の成長やスピリチュアルなワーク、より大きな目的を助けるために愛に満ちた献身をしてくれるでしょう。

その手を上げるだけで、この高次のガイドは、すぐにあなたを過去世へと連れていきます。そこは、あなたがたがともにスピリチュアルな道に取り組み、そのガイドの洞察と教えがあなたに、より高次の真実と理解をもたらした場所です。

そのすべてを目にし、感じ、あらゆる方法で経験してください。あなたはどこにいますか？　あなたと一緒に誰かいますか？　あなたは何をしていますか？　何を感じて、何を考えていますか？

しばらくあらゆるものを見て感じたら、このガイドはあなたの手を取り、再び現在へと戻り始めます。あなたは完全に、今この瞬間に戻ってきます。そうしたら、現在の生活について考えてみてください。何か望まないパターンが今日でも起きていないか、自問してみましょう。心にやってきた最初の答えに気づきましょう。

過去世からのネガティブな経験が、今世での子ども時代、あるいは大人になってからも続いていませんか？　もしそうなら、それは誰との間で起こっていますか？　過去世からのもので、何度も現れている有害な行動や感情がありますか？　このような質問に、あなたのスピリットガイドは答えをくれるでしょう。

これらのパターンを変えるために、現在の人生にもたらすべき思考やアファメーションや新しい行動について考えてください。あなたの望まない思考や行動やパターンと入れ替えるためのアファメーションや行動を考えましょう。スピリットガイドに助けをお願いしましょう。

★現在へ戻る

では、1から3までゆっくりと数えましょう。
そうしながら、今ここにいる自分自身のあらゆる部分にもっと気づきましょう。
ただし、過去世で気づいたことはすべて覚えていてください。

1. ゆっくりと、現実に戻りましょう。背中、腕、腰、胸を感じてください。
あなたが受け取った洞察を覚えていましょう。

2. この人生の今の瞬間へ戻りながら、自分の体を十分に感じましょう。
あなたは、今、重要な変化を起こせると知ってください。

3. あなたは今、現実へと戻ってきました。
準備ができたら目を開け、自分の過去世のガイドとの新しい幸せなつながりを感じましょう。
彼らは今日でもあなたを愛し、世話してくれています。

ガイドが教えてくれた学び

過去世からのガイドは、あなたをその場所と時間へ案内するだけでなく、カルマの学びを生み出した出来事についても教えてくれます。

最近、リーディングにやってきたジョゼフは、足首の痛みの原因が過去世にあるのか見てほしいと言いました。すぐに私は、海軍の制服を着たジョゼフの過去世のガイドが見え、さらに、大きな帆船に乗っている二人の姿も見えました。緊急事態が起きたのか、二人は必死な様子でした。ジョゼフは船長で、彼の隣にいる過去世のガイドは副司令官のようでした。すると突然、木の幹ほどもある大きな梁が、高い帆から倒れてきてジョゼフを直撃したのです。体の何カ所かを骨折し、特に片方の足のひざ下は粉々になりました。

怪我をした足を切断し、ジョゼフは愛してやまない海での生活を永遠に失ったのです。そして、満たされない思いを抱いたまま、彼は不幸な一生を送りました。彼にとって、人生の目的や幸せや満足感は、世界中を旅し、船を指揮する自由にありました。事故の後、自分の新しい定義、自由についての異なった理解、新たな目的意識が必要でしたが、残念なことに、そのどれ一つとして得られませんでした。

このようなイメージをジョゼフに説明すると、彼は、今の人生で自分はパイロットだったけれど、足の痛みがひどくなって飛べなくなったと告白しました。今世でも、彼は陸での生活に追いやられていたのです。

ジョゼフは、内側からやってくる自由や喜びや幸せで、自分自身を定義する必要があるのだと理解しました。これが、彼をカルマの解放へと導くカギだったのです。

自分の過去世のガイドに会うために、ミディアムのところへ行く必要はありません。彼らはいつでもそばにいて、今あなたに必要な歴史を垣間見させてくれるでしょう。

あなたがすべきことは、自分のガイドを呼び出して、彼らが住む永遠の世界へと心を開くことだけです。

11章　魂の成長のために

私たちの魂がこの世に戻ってくるのは、前進するためです。苦しみや喜びを経験する理由は、学び、感じ、理解し、成長するためなのです。

すべての学びが苦しみだというわけではありませんが、もし、不快な状況にいるなら、おそらくあなたは学んでいるのでしょう。

この本で紹介された人たちのように、自分のカルマの学びを理解すれば、あなたは人生の方向を自由に定められます。あらゆる過去の出来事を変える必要はなく、純粋で永遠の新しい見方を始めればよいだけです。

そうしようというあなたの決意が、意識や現実で大きな変化を生み出す原因と結果となるのです。過去、現在、未来が、一瞬のうちに変化し、あなたの永遠の魂は浄化され、新しい方向へと進み始めるでしょう。

現在の恵みに感謝する

この本の大部分は、過去のどの問題が現在の私たちの邪魔をしているかを調べることについて書かれていますが、人生には幸運もたくさん存在するのを覚えていてください。うれしい出来事に巡り合ったら、それを受け入れ、理解し、感謝しましょう。

小さな成功にも感謝する姿勢はとても重要で、今世の人生だけでなく、未来の結果にも影響します。心からの感謝は、いつもただちにカルマとなり、もっと感謝することが引き寄せられるでしょう。

残念なことに、今日、人々は自分に足りないものばかりに注意を向けて、お金や愛というような一つの問題にのめり込んでいます。そして、それが満たされないかぎり、ほかのものは重要ではないと信じています。彼らは、健康、家族、家庭、趣味など、その日経験できるすばらしい小さな喜びを無視しているのです。足りないという意識ですべてのものをフィルターにかけ、恋愛やお金や成功などに取りつかれ、それを持っていないことを悲しむのに全エネルギーを費やしています。

カルマの観点から言えば、足りないことに集中しているのは、運命が逆転したせいからかもしれません。たとえば、大成功を収めたあと、次の人生ですべてを奪われてしまうケースです。恋愛の場合、恋人から捨てられたり裏切られたりして、失った恋人をずっとあきらめられずに焦がれ続け、いくつもの人生を惨めなままで過ごすことがあります。

次にあげるスティーブのケースのように、このようなエネルギーは習慣化してしまいます。

彼は、仕事の成功を妨げているものを知りたい、と私のところへやってきました。すでにビジネスで成功し、かなり快適な生活をしていました。けれど、二人の子どもを大学へやるには妻の収入が必要だったので、自分は敗北者だと感じていました。彼は、切望と自己非難の中で、本当に惨めな状態でした。

退行催眠をしてみると、すぐにかなり昔のイタリアでの人生に戻り、そこでスティーブは大成功した地主でした。豊かなブドウ畑と小さな軍隊を持っていましたが、不幸にも、地域間の戦争が起こり、彼は敗れてしまったのです。その結果、領地は没収され、文字通り無一文になりました。そして残りの人生、自分の領地を取り返したいと願いながらもかないませんでした。

この経験は、感情的、認知的パターンとしてコード化され、今日の彼の人生にも強い影響を与えています。最初のコードは、ものすごい成功でなければ満足できない、という偉大さへの焦がれです。二番目のコードは、スティーブ自身驚いていましたが、私は何度も目にしたものでした。つまり、深い隠れたレベルで、スティーブは、お金持ちになれば安全ではいられなくなる、と信じていたのです。あの恐ろしい経験と、そのために苦しんだ貧しさのせいで、富を持てば標的にされる、そして、富はいずれ消え去って悲劇的な結末が待っている、と結論づけていました。

彼は、偉大な富への切望と、安全のために収入を減らしたい、という対立した意図の両方を今世にもたらしました。なんという両極端なエネルギーでしょうか。今、彼はお金持ちになりたいという切望を手放し、自分の結論を書き換えて、成功しても安全だと知ることが必要でした。彼は、本書で紹介されている方法を用いて、これまでにないくらい幸せで満足できるようになったのです。そして、新しい喜びに満ちたエネルギーのせいか、それともカルマを一掃したせいか、彼のビジネスは堅実に成長し始めました。

恋愛の場合、過去世の喪失経験が愛へのどうしようもない絶望感を生み出し、特定の一人に執着し続けることがあります。現在の報われない愛の対象は、過去世でも自分を捨てた魂で、いまだに追い求めているということは珍しくないでしょう。

もし、このような切望のパターンがあるなら、対象が、お金でも愛でも、現在障害となっているものに取り組む必要があります。

まず立ち止まって、自分がすでに手に入れている幸運に気づいてください。自分の恵みのすべてをリストにしましょう。そして何度も、意識的に感謝してください。それが、意識を変える決意とエネルギーになるのです。欠如の波動から、価値のある波動へと変換することは、カルマの癒しにも役立つでしょう。

最終的に、その源を見つけるための退行催眠を行い、望まないカルマのパターンを手放してください。苦しみや切望を手放し、結論とシナリオを書き換えましょう。過去から自由になり、信頼と感謝で現在の人生を生きることを優先する、と宣言しましょう。

今世、あるいは他の人生のどんな問題に対処するのにも、本書の付属ＣＤは有効です。ただし、すべての幸せな瞬間に気づき、大いに楽しむことを忘れないでください。過去をきれいにして現在を受け入れることで、自由に未来を導けるのです。

問題の解決を助けてくれるその他のヒーリング法

現在の問題を解決するために、過去世の出来事とつながることはとても有益で、時には重要ですが、つねに必要というわけではありません。ヒーリング法にはいろいろあり、詰まったエネルギーをきれいにするやり方もたくさんあります。ここでは、そのいくつかを紹介しましょう。

あなたがすでに用いている方法に加えて、これらの方法も試してみてください。障害を取り除くためでも、身体的、精神的、経済的不安を解決するためでも、古い波動をきれいにし、自分の人生をヒーリングのエネルギーに開く助けとなるでしょう。

エネルギー療法

エネルギーの経絡、チャクラ、体のシステムに働きかける方法があります。

ドナ・イーデンは、『エネルギー・メディスン』（日高播希人訳　ナチュラルスピリット）という本の中で、エネルギーのことを個人の健康や幸せを決める生気にあふれた原動力、と述べています。あらゆるレベルでの健康や幸せを達成し、維持するには、この流れが良い状態で調和を保ち、他のシステムとのバランスを維持していることが大切なのです。

残念ながら、今世や他の人生におけるストレスや衝突や乱れによって、私たちのエネルギーは特定のチャクラや器官や経路でブロックされたり、詰まってしまいます。エネルギー療法は、詰まっているものを動かす方法で、私たちの生命力が流れる道を開き、障害のある場所にヒーリングをもたらします。

この種のヒーリングを行うために、過去世の出来事を知る必要はありません。なぜなら、このようなワークをしている最中、かなり昔の記憶が表面に浮き出てきて驚くことでしょう。

そのような出来事がチャクラの浄化をしている時に起こった例をドナが教えてくれました。彼女が年配の女性のハートチャクラに働きかけていた時、この女性の過去世が見えたそうです。その人生で、彼女は男性ピアニストでしたが、生涯にわたり、自分の創造力と演奏したい気持ちを抑えつけられていました。ドナは、その経験から、彼女が感じている悲しみを掘り起こしていったのです。

彼女が見たものを話すと、クライアントは泣き始めました。そして、生涯ずっとピアノを弾いているけれど、自分はうまくないので人には聞かせられないと思い、一人でいる時に弾いている、と告げたのです。自分の才能を閉じ込めていることが、彼女の悲しみの源でした。彼女はずっと、そのカルマに縛られていましたが、ようやく手放すことができたのです。

行き詰まったパターンを手放すのにとても役立つ方法が、もう一つあります。それはエネルギー心理学で、恐れや不安などの感情的な問題を一掃するのに特に有効です。

この場合も、過去世の源を知ることが必ずしも必要というわけではありません。なぜなら、具体的な問題が今世に現れているので、現状でも扱うことができるからです。

エネルギー心理学の重要な実践法の一つが、感情解放のテクニック（ＥＦＴ：エモーショナル・フリーダム・テクニック）です。これは、ツボを軽く叩いて、個人の神話や感情の状態を変えるシグナルを脳へ送るテクニックです。心理的な問題が起きている時に、ツボを軽く叩くことによって、機能不全に陥った反応をしている脳の化学作用を変えることができるのです。

この理由から、エネルギー心理学は、脳が感情のパターンと行動のパターンをコード化するやり方を変えられる、非常に効果のある方法だと考えられています。このプロセスで、とても深いオーラ部分から情報が現れてきて、長く保持していたネガティブな反応を手放し、健全な認識と置き換えられるかもしれません。

『The Promise of Energy Psychology』（ドナ・イーデンとギャリー・クレイグとの共著）で、デイヴィッド・ファインスタイン博士は、このプロセスの有効性について説明し、多くの成功例を紹介していますが、なかには一回のセッションでは足りない場合もあると述べています。

実例の一つですが、あるクライアントが、自動車事故のあと、一向に不安感が消えず、再度のセッションで新たに感覚的記憶を発見したのです。クライアントは、もう一度事故を表現し、今度はタイヤのゴムが焼けるにおいについて話しました。実は、5歳の時に車の衝突事故を目撃し、そのにおいが彼の記憶に今でも残っていたのです。不安感を消すためには、その経験が現在の状況とどう関係しているのかを明らかにしなければなりませんでした。

このように、EFTとエネルギー療法は、過去世の問題の記憶に似ているかもしれません。あなたは、驚くほど簡単かつ迅速に、感情的あるいは身体的問題を癒せるでしょう。けれど、完全な解決には、もっと徹底的に、忍耐強く調べなければならない場合もあります。

何層にもなったあなたの心配が、どのように人生経験に影響しているかを考えることには十分価値があるでしょう。指圧やマッサージ、レイキやセラピュティック・タッチと同じように、EFTとエネルギー療法を実践している人はたくさんいます。これらのすべてが、古いエネルギーから抜け出て、バランスや活力や流れを取り戻す助けとなるでしょう。自分に合うと感じるものがあったら、あなたの取り組んでいる問題でどう役に立つかを探ってみてください。

魂の真実を探し求める

私たちが人生と呼ぶ冒険の究極的な目的は、自分の魂の真実を探し求め、あらゆる機会でそれを表現しながら生きることです。

けれど、魂の真実が意味することを理解するのは難しいかもしれません。過去世のコード、あるいは現在の問題、そのどちらに駆り立てられていようが、魂はその中にある学ぶべきことを学ぼうとしており、私たちも喜んでそうしなければなりません。

このことは数年前、私が最初の本を出版する時に身をもって経験しました。私はかなり前に、『Secrets of Attraction』の簡略版を自費出版しました。でも、それをヘイハウスから出版してもらえることになり、元の原稿量を二倍に増やさなくてはならなくなったのです。

その作業にとりかかった時、私はあごのあたりにものすごい痛みを感じました。それはしだいにこめかみや額まで広がっていき、やがてひどい頭痛となりました。執筆しようとするたびに、この強烈な痛みに邪魔されて、考えることさえできませんでした。あごの痛みと慢性的な頭痛は何カ月も続き、とうとう、これをどうにかしなければ、と心を決めたのです。

この症状にかかわる過去世があるかどうかと退行催眠をしてみたところ、そこで目にしたのは驚くべきものでした。

明らかに、時代はキリスト教の初期の頃で、私はその教えを広めるのに身を捧げていました。遠くあちこちまで旅し、興味のある人にキリスト教の教えを説いたのです。その人生でも私は女性でしたが、そのような役割を女性が担うのはかなり珍しいことでした。というのも、男性が教会を支配し、女性はもっと従属的な仕事をしていたからです。

退行催眠を続け、やがて、地元の教会管理職の怒りに触れたことが明らかになりました。その結果、私は逮捕され、裁判にかけられて、有罪になったのです。もう二度と伝道できないように、私は舌を切り取られ、残りの人生、話すこともできず、他人からの施しで生き伸びました。

それは、とても感情に訴える啓示的な退行催眠でした。私は、その時の恐怖感と、ナイフがあごを突っ切る痛さまで、ありありと思い出しました。そして、自分の信じることを表現するのは安全ではない、公の前で宣言すれば大惨事を招く、という強力な結論まで思い出したのです。

このすべてが、今世で自分のスピリチュアルな考えを公表しようとした時に現れたのです。自費出版をした時に現れなかったのは、私がいつも安全だと感じていたからでしょう。でも、大勢の人の前に出ようとした時点で、もはや黙っていられなくなったのです。

自分でも気づかないうちに、私は対立する意図でいっぱいになっていました。私の個人的な自己はワクワクし、自分の考えをもっと多くの人に広めたい、と思っていました。けれど、傷ついた自己は、安全でいることを望み、事がうまく進まないように頭痛やあごの痛みを与えていたのです。

この学びははっきりしていました。私は、自分の真実を表現しても安全だと理解しなければなりませんでした。

さっそく、恐怖や痛みやすべての偽りの仮定を解き放つ取り組みをしました。私の本当の意図は、自分を縛りつけているコード化された経験を手放すことだとわかっていました。そして、さまざまな方法で、それが私のキャリアに影響を与えていたと気づいたのです。「安全でいたい」という古い意図が、何年間も原稿を本にしてくれる出版社を見つけられなかったことにも関係していたようでした。

この退行催眠のおかげで、私は、意識的な意図を持てるようになったのです。その時から、自分の真実を話すだけでなく、他人も同じことができるように手助けする決心をしました。

自分の魂の指令を受け入れた瞬間から、あごの痛みと頭痛はすっかり消えてしまいました。私は書き換えをする必要さえなかったのです。ただ、恐怖に基づいた古いコードを手放しただけで、その後、同じような肉体的問題は現れませんでした。

私にとって、これはとても大事な学びでした。頭痛はつらいものでしたが、とても深く、変わることのない個人的な目的を明らかにしてくれました。私の魂は、私自身を表現し、そして仕事を通して他人と表現することを優先してほしいと願っていたのです。過去世を知ったことで、私は解放されました。なぜなら、同じような状況で、二度と恐れを感じなくなったからです。

今では、私の会話や表現は、これまでにないような強さと決意にあふれています。この過去世の経験は、もう私を縛りつけてはいません。それどころか、私に大きな力を与えてくれたのです。

あなたも自分の過去世によって、力を与えられるかもしれません。それが、たとえ非常につらい過去世であったとしても、です。その情報を用いて、自分の持つ選択肢についてもっと知り、新しく健全な方向にエネルギーを集中できるでしょう。あなたのコード化された意識において、知識は真のパワーとなり、偉大なことを成し遂げる内なる力を目覚めさせてくれるでしょう。

どんな人生にも〝ギフト〟がある

人生は美しい織物と同じで、暗い糸が明るい糸を際立たせます。でも、私たちの永遠のタペストリーの一番暗い場所にも、美しさや意味のある部分が存在しているのです。あなたは自分がそのタペストリーの織り手で、あらゆる経験に色どりや影をもたらしていることを思い出さなければなりません。一つ一つの気づきや心からの選択が、明日の光景をまったく異なるものにし、これからのすべての時間を変えるでしょう。

あらゆる生まれ変わりが重要で、すべての学びが贈り物です。良いものも悪いものも、喜びに満ちたものも悲しいものも、そのすべてが、あなたが到達する力や悟りによって、人生の旅をより良いものにするよう計画されています。遠い過去から未来まで、あなたの中を流れている光が、現在の意識を鼓舞して、癒しや調和や真実をもたらしてくれるのです。

自分の永遠の真実に気づくことは、すべての人生における学びの一部です。

あなたの美しさや価値は、もはや否定できません。あなたの持つあらゆる夢の中で、これを認めることがもっとも高次の目的です。聖なる記憶を持ち、聖なる存在として生きること、自分の中で聖なる心臓が拍動するのを感じること、これらが、あらゆる夢を現実のものにしてくれる永遠の真実です。

自分の内側にある目もくらむばかりのこの意識に目覚めた時、計り知れないすばらしさが、あなたの人生で展開し始めるでしょう。そして、あなたは、自分がすばらしい癒しや力や喜びを得られるとわかるでしょう。

［著者］

サンドラ・アン・テイラー（Sandra Anne Taylor）

心理カウンセラーとして25年間のキャリアを積んだ後、現在は世界中で講演活動をおこなっている。特にアメリカ、イギリス、オーストラリアでは人気の講演者。養子縁組に関する非営利団体の設立に携わり、さまざまなサポート活動をしている。現在、オハイオ州在住。『Secrets of Attraction』『Quantum Success』が続けてニューヨークタイムズ・ベストセラーとなる。邦訳された著書に『クォンタム・サクセス』（ダイヤモンド社）がある。

［訳者］

奥野節子（おくの・せつこ）

北海道生まれ。高校の英語教師を経て、ジョージ・ワシントン大学大学院修了後、ニューヨークの米企業に勤務。訳書に、『「死ぬこと」の意味』（サンマーク出版）、『第六感ひらめきと直感のチャンネルを開く方法』『トゥルー・バランス』『人生の危機は宇宙からの贈り物』『100の夢事典』（以上、ダイヤモンド社）など多数がある。

美羽姚（みわ・はるか）

米国催眠士協会（ＮＧＨ）認定セラピスト、認定インストラクター、及び米国催眠療法協会（ＡＢＨ）認定セラピスト、認定インストラクター。
女優として活動後、イギリス留学経験を活かし起業。その後、自身の満たされない想いや、込み上げて来る負の感情の原因が、前世や幼少の頃の経験から来るものだと知り、催眠療法を学ぶ。アメリカで行われたブライアン・ワイス博士の「前世療法プロフェッショナルコース」にも参加し、ワイス博士から直接指導を受け、ワイス・インスティチュートの修了認定書を授与される。現在、催眠療法の他、催眠を取り入れたオリジナル瞑想やワークショップを主宰し、好評を得ている。
http://www.forinnerbeauty.com/

運命を書き換える前世療法ＣＤブック

過去を手放して幸せになる方法

2013年６月13日　第１刷発行

著　者――サンドラ・アン・テイラー
訳　者――奥野節子
発行所――ダイヤモンド社
〒150-8409　東京都渋谷区神宮前6-12-17
http://www.diamond.co.jp/
電話／03･5778･7234（編集）　03･5778･7240（販売）

カバーデザイン―浦郷和美
カバーイラスト―©alamy/PPS
CDナレーション―美羽　姚
CD音源制作――髙木弥生（ログスタジオ）
CD音源編集――磯部則光（ペニーレイン社）
DTP制作――伏田光宏（F's factory）
製作進行――ダイヤモンド・グラフィック社
印刷――八光印刷(本文)・加藤文明社(カバー)
製本――ブックアート
編集担当――酒巻良江

©2013 Setsuko Okuno

ISBN 978-4-478-01726-5

落丁・乱丁本はお手数ですが小社営業局宛にお送りください。送料小社負担にてお取替えいたします。但し、古書店で購入されたものについてはお取替えできません。
無断転載・複製を禁ず
Printed in Japan

◆ダイヤモンド社の本◆

クォンタム・サクセス
運命を創造する波動の法則
サンドラ・アン・テイラー［著］
奥野節子［訳］

ウエイン・W・ダイアー推薦！　自分の未来をコントロールする力を手に入れる「成功の科学」とは？　意識を変えれば、何でも可能になるというメカニズムを解き明かす、ニューヨークタイムズ・ベストセラー！

●四六判並製●定価（1800円＋税）

100の夢事典
夢が答えを教えてくれる
イアン・ウォレス［著］
奥野節子［訳］

悪夢を見たら、幸運のやってくるサインかも！　BBCなど海外有名メディアで続々紹介された、30年以上10万件の夢を解析してきた英国で人気の夢心理の専門家が教える、メッセージを正しく受け取って人生に活かす方法。

●四六判並製●定価（本体1600円＋税）

言葉のパワー
イヴォンヌ・オズワルド［著］
磯崎ひとみ［訳］

言葉には、エネルギーの高い言葉、低い言葉があり、心には「自分の言葉による指示を解釈し、それに従う」という驚くべき働きがある！　数千人に実践して結果を出した、人生を操る力、成功と幸せへの鍵を教えます。

●四六判並製●定価（本体1700円＋税）

CD４枚付
心のパワーで体を癒す
内なる治癒力を高めて健康になるメソッド
リック・リービ　ルー・アロニカ［著］
阿部尚美［訳］

『前世療法』の著者ブライアン・L・ワイス博士推薦。30年にわたって世界中で多くの人を診察し、心身療法の最前線で活躍してきた臨床医が紹介する、瞑想、催眠、エネルギー・ヒーリングで痛みや症状をやわらげる方法。

●A5判並製●CD4枚付●定価（本体2800円＋税）

手放し、浄化し、再生する瞑想CD付
不安や恐れを手放す瞑想CDブック
感謝と喜びに生きるトレーニング
ソニア・ショケット［著］
奥野節子［訳］

人生を今すぐ高められる心の技術を実践すると、毎日が、思いもよらない贈り物や、わくわくするチャンス、恵み、深い魂のつながりにあふれた日々に変わる！あなたの人生を再評価してアップグレードするためのCD付。

●A5判変型並製●CD付●定価（本体2000円＋税）

http://www.diamond.co.jp/